www.ingramcontent.com/pod-product-compliance
Lightning Source LLC
Chambersburg PA
CBHW082042200426
43209CB00054B/1540
9781778920332

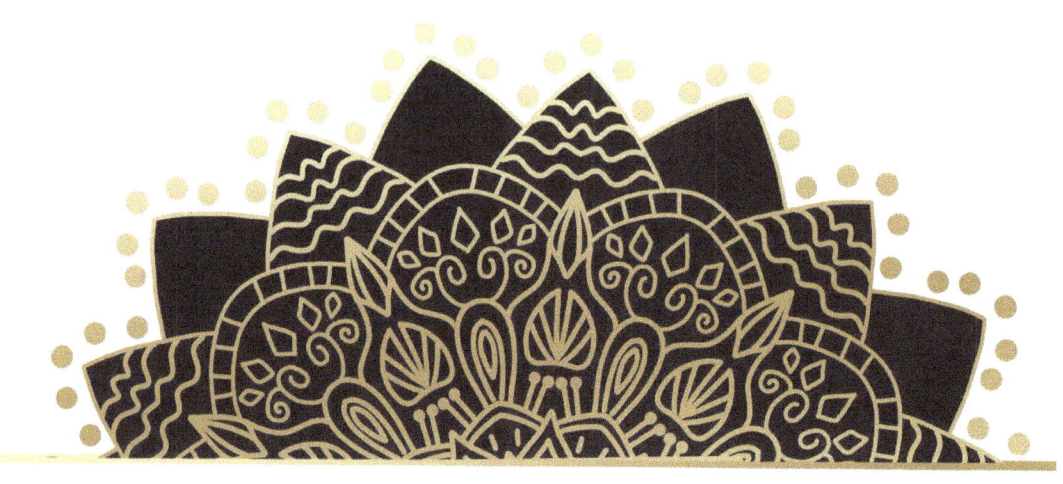

به نام خالق عشق

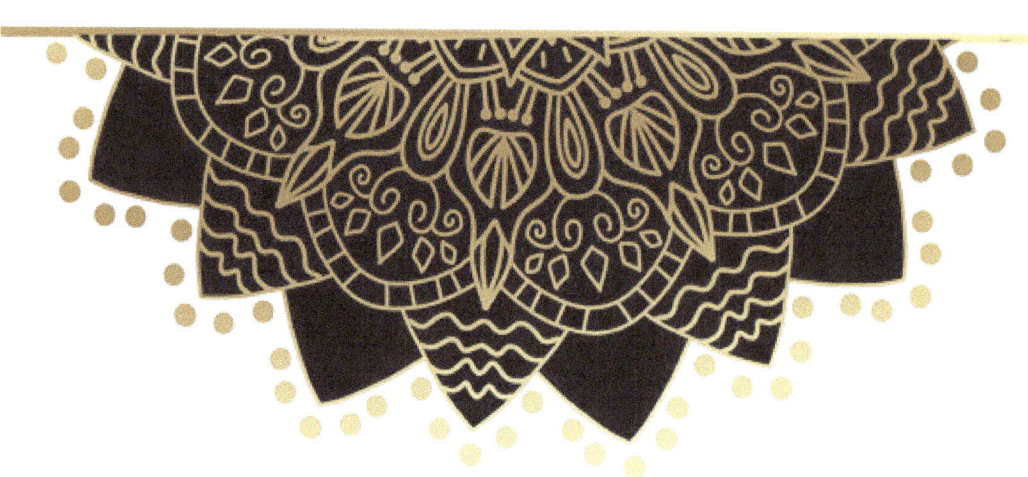

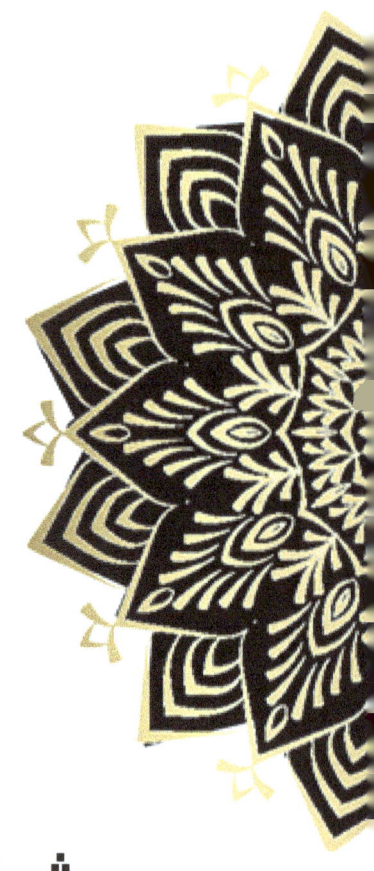

بوستان

شیخ مصلح‌الدین سعدی شیرازی

سریال کتاب: H2325100147
عنوان : بوستان سعدی
پدید آورنده: شیخ مصلح الدّین سعدی شیرازی
تصحیح : محمّد علی فروغی
ویراستاری: سید علی هاشمی
گردآوری و نسخه خوانی: مهری صفری اسکویی
صفحه آرایی:صفحه‌آرایی: یاسر صالحی، محبوبه لعل‌پور
طراح جلد: زهرا بگدلی، نغمه کشاورز
شابک: ISBN 978-1-77892-033-2
موضوع: شعر، مثنوی
متا دیتا: Poem ، Farsi
مشخصات کتاب: گالینگور ، رنگی
تعداد صفحات : 312
تاریخ نشر در کانادا: October 2023
به کوشش: سید علی هاشمی، نغمه کشاورز
انتشارات همکار: موسسه انتشارات پارسیان البرز
منتشر شده توسط: خانه انتشارات کیدزوکادو
ونکوور، کانادا

Kidsocado Publishing House

خانه انتشارات کیدزوکادو
ونکوور، کانادا
تلفن : ۸٦٥٤ ٦٣٣ ٨٣٢ ١ +
واتس آپ: ٧٢٤٨ ٢٢٣ ٢٢٦ ١+
ایمیل : info@kidsocado.com
وبسایت انتشارات:https://kidsocadopublishinghouse.com
وبسایت فروشگاه:https://kphclub.com

اگر هوشمندی به معنی گرای
که معنی بماند ز صورت به جای

مقدمه

سعدی شیرازی، با نام کامل ابومحمّد مُشرف‌الدین مُصلِح بن عبدالله، شاعر و نویسنده بزرگ ایرانی است که در قرن هفتم هجری زندگی می‌کرده است. بی‌شک سعدی شیرازی یکی از قلّه‌های مرتفع شعر و ادب پارسی است و اگر بخواهند نام پنج شاعر بزرگ فارسی‌زبان را بشمارند، حتما نام سعدی شیرازی نیز در این جمع خواهد بود.

کتاب «بوستان» سعدی با عنوان دقیق‌تر «سعدی‌نامه»، ازجمله مهم‌ترین آثار این شاعر بزرگ است. سعدی این کتاب را در سال ۶۵۵ هجری قمری سروده است. این منظومه در قالب مثنوی و در ۱۰ باب (بخش) سروده شده است. در هر باب، حکایت‌هایی ذکر شده‌اند که به موضوع همان باب ارتباط دارند. سعدی در این کتاب درباره مسائل اخلاقی و اجتماعی و... صحبت می‌کند و آرمان‌شهر خود را در لابه‌لای ابیات این کتاب به تصویر می‌کشد.

مجموعهٔ حاضر، با هدف گسترش ارتباط ایرانیان و فارسی‌زبانان سراسر دنیا با اشعار سعدی شیرازی آماده شده است. در این اثر، مثنوی باشکوه بوستان به شکلی زیبا

و درست فراهم شده و به حضور شما خواننده گرامی تقدیم می‌شود. چاپ‌های متعددی از کتاب بوستان سعدی توسط پژوهشگران و اندیشمندان زبان و ادبیات فارسی منتشر و روانه بازار شده است که هر یک در جایگاه خود، حائز اهمیت و قدر و ارزش هستند؛ اما از آنجا که بنای ما در این اثر بر ارائه یک اثر کم‌غلط و خواندنی برای عموم مردم بوده است، دست از نکته‌سنجی‌های موشکافانه کشیدیم و آن را به فرصتی دیگر وانهادیم؛ ازاین‌رو کتاب حاضر را با ویرایش مناسب و بر مبنای چاپ استاد محمّدعلی فروغی از کتاب بوستان سعدی فراهم کردیم. امیدواریم که این تلاش، بتواند جلوه‌گر فرهنگ عظیم ایران باشد.

شاد و سرخوش و خوش‌دل باشید.

فهرست مطالب

دیباچه ۱۲

باب اول: در عدل و تدبیر و رای ۲۷

باب دوم: در احسان ۹۳

باب سوم : در عشق و مستی وشور........... ۱۳۰

باب چهارم: در تواضع ۱۵۷

باب پنجم : در رضا ۱۹۶

باب ششم: در قناعت ۲۱۲

باب هفتم : در عالم تربیت ۲۲۵

باب هشتم: در شکر عافیت..................... ۲۵۸

باب نهم : در توبه و صواب ۲۷۸

باب دهم: در مناجات و ختم کتاب............ ۳۰۳

دیباچه

به نام خداوندِ جان‌آفرین حکیمِ سخن در زبان آفرین
خداوند بخشندهٔ دستگیر کریم خطابخش پوزش‌پذیر
عزیزی که هر کز درش سر بتافت به هر در که شد هیچ عزّت نیافت
سر پادشاهان گردن‌فراز به درگاه او بر زمینِ نیاز
نه گردن‌کشان را بگیرد به فور نه عذرآوران را براند به جور
وگر خشم گیرد ز کردارِ زشت چو بازآمدی، ماجرا درنوشت
اگر با پدر جنگ جوید کسی پدر بی‌گمان خشم گیرد بسی
وگر خویش راضی نباشد ز خویش چو بیگانگانش براند ز پیش
وگر بنده چابک نباشد به کار عزیزش ندارد خداوندگار
وگر بر رفیقان نباشی شفیق به فرسنگ بگریزد از تو رفیق
وگر ترکِ خدمت کند لشکری شود شاهِ لشکرکُش از وی بری
ولیکن خداوندِ بالا و پست به عصیان، درِ رزق بر کس نبست
دو کونش یکی قطره از بحرِ علم گنه بیند و پرده پوشد به حلم
ادیمِ زمین، سفرهٔ عام اوست بر این خوان یغما چه دشمن، چه دوست

اگر بر جفاپیشه بشتافتی — که از دست قهرش امان یافتی؟
بری ذاتش از تهمتِ ضد و جنس — غنی، ملکش از طاعتِ جن و انس
پرستارِ امرش همه چیز و کس — بنی‌آدم و مرغ و مور و مگس
چنان پهن خوان کرم گسترد — که سیمرغ در قاف قسمت خورد
لطیف کرم‌گستر کارساز — که دارای خَلق است و دانای راز
مر او را رسد کبریا و منی — که ملکش قدیم است و ذاتش غنی
یکی را به سر برنهد تاج بخت — یکی را به خاک اندر آرد ز تخت
کلاهِ سعادت یکی بر سرش — گلیمِ شقاوت یکی در برش
گلستان کند آتشی بر خلیل — گروهی بر آتش بَرَد ز آب نیل
گر آن است، منشورِ احسان اوست — ور این است، توقیعِ فرمان اوست
پسِ پرده بیند عمل‌های بد — هم او پرده پوشد به آلای خَود
به تهدید اگر برکشد تیغِ حکم — بمانند کرّوبیان صُمّ و بکم
وگر دردهد یک صلای کرم — عزازیل گوید نصیبی برم
به درگاهِ لطف و بزرگیش بَر — بزرگان نهاده بزرگی ز سر
فروماندگان را به رحمت قریب — تضرع‌کنان را به دعوت مجیب

بر احوالِ نابوده، علمش بصیر به اسرارِ ناگفته، لطفش خبیر

به قدرت، نگهدارِ بالا و شیب خداوندِ دیوانِ روزِ حسیب

نه مستغنی از طاعتش پشت کس نه بر حرف او جای انگشت کس

قدیمی نکوکارِ نیکی پسند به کِلکِ قضا در رَحِم نقش‌بند

ز مشرق به مغرب مَه و آفتاب روان کرد و بنهاد گیتی بر آب

زمین از تبِ لرزه آمد ستوه فروکوفت بر دامنش میخِ کوه

دهد نطفه را صورتی چون پری که کرده‌ست بر آب صورتگری؟

نهد لعل و پیروزه در صُلبِ سنگ گل و لعل در شاخ پیروزه‌رنگ

ز ابر افکند قطره‌ای سوی یَم ز صلب افکند نطفه‌ای در شکم

از آن قطره لؤلؤی لالا کند وز این، صورتی سروبالا کند

بر او علم یک ذره پوشیده نیست که پیدا و پنهان به نزدش یکی‌ست

مهیّا کُنِ روزیِ مار و مور اگر چند بی‌دست‌وپای‌اند و زور

به امرش وجود از عدم نقش بست که داند جز او کردن از نیست، هست؟

دگر ره به کتمِ عدم در برد وز آنجا به صحرای محشر برد

جهان مُتَفِّق بر الهیّتش فرومانده از کُنهِ ماهیّتش

بشر ماورای جلالش نیافت
بصر منتهای جمالش نیافت

نه بر اوجِ ذاتش پَرَد مرغِ وهم
نه در ذیلِ وصفش رسد دستِ فهم

در این وَرطِه کشتی فروشد هزار
که پیدا نشد تختهای بر کنار

چه شبها نشستم در این سِیر، گم
که دهشت گرفت آستینم که قُم

محیط است علم مَلِک بر بسیط
قیاس تو بر وی نگردد محیط

نه ادراک در کُنهِ ذاتش رسید
نه فکرت به غورِ صفاتش رسید

توان در بلاغت به سَحبان رسید
نه در کُنهِ بیچون سُبحان رسید

که خاصان در این ره فَرَس راندهاند
به لاأُحصی از تک فروماندهاند

نه هر جای مَرکَب توان تاختن
که جاها سپر باید انداختن

وگر سالکی مَحرمِ راز گشت
ببندند بر وی در بازگشت

کسی را در این بزم ساغر دهند
که داروی بیهوشیاش دَردهند

یکی باز را دیده بردوخته است
یکی دیدهها باز و پر سوخته است

کسی ره سوی گنج قارون نَبُرد
وگر بُرد، ره باز بیرون نبرد

بمردم در این موج دریای خون
کز او کس نبرده است کشتی برون

اگر طالبی کاین زمین طی کنی
نخست اسبِ بازآمدن پی کنی

تأمّل در آیینهٔ دل کنی صفایی به‌تدریج حاصل کنی
مگر بویی از عشق مستت کند طلبکارِ عهدِ اَلَستت کند
به پای طلب ره بدان‌جا بری وز آنجا به بالِ محبّت پری
بِدَرَّد یقین پرده‌های خیال نماند سراپرده إلّا جلال
دگر مرکبِ عقل را پویه نیست عنانش بگیرد تَحَیَّر که بیست
در این بحر جز مردِ راعی نرفت گم آن شد که دنبال داعی نرفت
کسانی کز این راه برگشته‌اند برفتند بسیار و سرگشته‌اند
خلاف پیمبر کسی ره گزید که هرگز به منزل نخواهد رسید
مپندار سعدی که راه صفا توان رفت جز بر پی مصطفی

ستایش پیغمبر صلی الله علیه و آله

کریم السَّجایا جمیل الشِّیَم نبی البَرایا شفیعُ الأُمم
امام رسل، پیشوای سبیل امین خدا، مهبط جبرئیل
شفیع الوری، خواجهٔ بعث و نشر امام الهدی، صدر دیوان حشر
کلیمی که چرخ فلک طور اوست همه نورها پرتو نور اوست
شفیعٌ مطاعٌ نبیٌ کریم قسیمٌ جسیمٌ نسیمٌ وسیم

یتیمی که ناکرده قرآن دُرُست	کتبخانهٔ چند ملت بشست
چو عزمش برآهخت شمشیر بیم	به معجز میان قمر زد دو نیم
چو صیتش در افواه دنیا فتاد	تزلزل در ایوان کسری فتاد
به «لا» قامت لات بشکست خرد	به اعزاز دین، آب عُزّی ببرد
نه از لات و عزی برآورد گرد	که تورات و انجیل منسوخ کرد
شبی برنشست از فلک برگذشت	به تمکین و جاه از ملک درگذشت
چنان گرم در تیه قربت براند	که بر سدره جبریل از او بازماند
بدو گفت سالار بیت‌الحرام	که ای حامل وحی برتر خرام
چو در دوستی مخلصم یافتی	عنانم ز صحبت چرا تافتی؟
بگفتا فراتر مجالم نماند	بماندم که نیروی بالم نماند
اگر یک سر موی برتر پرم	فروغ تجلی بسوزد پرم
نماند به عصیان کسی در گرو	که دارد چنین سیدی پیشرو
چه نعت پسندیده گویم تو را؟	علیک السلام ای نبی الوری
درود ملک بر روان تو باد	بر اصحاب و بر پیروان تو باد
نخستین ابوبکر پیر مُرید	عمر، پنجه بر پیچ دیو مَرید

خردمند عثمان شب زنده‌دار / چهارم علی، شاه دلدل‌سوار

خدایا به حق بنی‌فاطمه / که بر قولم ایمان کنم خاتمه

اگر دعوتم رد کنی ور قبول / من و دست و دامان آل رسول

چه کم گردد ای صدر فرخنده پی / ز قدر رفیعت به درگاه حی

که باشند مشتی گدایان خیل / به مهمان دارالسّلامت طفیل

خدایت ثنا گفت و تبجیل کرد / زمین‌بوس قدر تو جبریل کرد

بلند آسمان پیش قَدْرَت خجل / تو مخلوق و آدم هنوز آب و گل

تو اصل وجود آمدی از نخست / دگر هرچه موجود شد فرع توست

ندانم کدامین سخن گویمت / که والاتری زآنچه من گویمت

تو را عِزّ لَولاک تمکین بس است / ثنای تو طه و یس بس است

چه وصفت کند سعدی ناتمام؟ / علیک الصلوه ای نبی السلام

سبب نظم کتاب

در اقصای عالم بگشتم بسی / به سر بردم ایام با هر کسی

تمتع به هر گوشه‌ای یافتم / ز هر خرمنی خوشه‌ای یافتم

چو پاکان شیراز، خاکی نهاد / ندیدم که رحمت بر این خاک باد

تولّای مردان این پاک‌بوم   برانگیختم خاطر از شام و روم
دریغ آمدم زآن همه بوستان   تهی‌دست رفتن سوی دوستان
به دل گفتم از مصر قند آورند   برِ دوستان ارمغانی برند
مرا گر تهی بود از آن قند دست   سخن‌های شیرین‌تر از قند هست
نه قندی که مردم به صورت خورند   که ارباب معنی به کاغذ برند
چو این کاخ دولت بپرداختم   بر او ده در از تربیت ساختم
یکی باب عدل است و تدبیر و رای   نگهبانی خلق و ترس خدای
دوم باب احسان نهادم اساس   که مُنعِم کند فضل حق را سپاس
سوم باب عشق است و مستی و شور   نه عشقی که بندند بر خود بزور
چهارم تواضع، رضا پنجمین   ششم ذکر مرد قناعت گزین
به هفتم در از عالم تربیت   به هشتم در از شکر بر عافیت
نهم باب توبه است و راه صواب   دهم در مناجات و ختم کتاب
به روز همایون و سال سعید   به تاریخ فرخ میان دو عید
ز ششصد فزون بود پنجاه و پنج   که پر دُر شد این نامبردار گنج
بمانده است با دامنی گوهرم   هنوز از خجالت به زانو سرم

که در بحر لؤلؤ صدف نیز هست
درخت بلند است در باغ و پست

الا ای خردمند پاکیزه خوی
خردمند نشنیده‌ام عیب‌جوی

قبا گر حریر است و گر پرنیان
به ناچار حَشوَش بود در میان

تو گر پرنیانی نیابی مجوش
کرم کار فرما و حشوش بپوش

ننازم به سرمایهٔ فضل خویش
به دریوزه آورده‌ام دستْ پیش

شنیدم که در روز امید و بیم
بَدان را به نیکان ببخشد کریم

تو نیز ار بدی بینی‌ام در سخن
به خلق جهان‌آفرین کار کن

چو بیتی پسند آیدت از هزار
به مردی که دست از تعنّت بدار

همانا که در فارس انشای من
چو مُشک است بی‌قیمت اندر ختن

چو بانگ دهل، هولم از دور بود
به غیبت درم، عیب مستور بود

گل آورد سعدی سوی بوستان
به شوخی و فلفل به هندوستان

چو خرما به شیرینی اندوده پوست
چو بازش کنی استخوانی در اوست

مدح ابوبکر بن سعد بن زنگی

مرا طبع از این نوع خواهان نبود
سر مدحت پادشاهان نبود

ولی نظم کردم به نام فلان
مگر بازگویند صاحب‌دلان

که سعدی که گوی بلاغت ربود / در ایام بوبکر بن سعد بود

سزد گر به دورش بنازم چنان / که سید به دوران نوشیروان

جهانبان دین‌پرور دادگر / نیامد چو بوبکر بعد از عمر

سر سرفرازان و تاج مهان / به دوران عدلش بناز، ای جهان

گر از فتنه آید کسی در پناه / ندارد جز این کشور آرامگاه

فطوبی لباب کبیت العتیق / حوالیه من کل فج عمیق

ندیدم چنین گنج و ملک و سریر / که وقف است بر طفل و درویش و پیر

نیامد برش دردناک غمی / که ننهاد بر خاطرش مرهمی

طلبکار خیر است امیدوار / خدایا امیدی که دارد برآر

کله‌گوشه بر آسمان برین / هنوز از تواضع سرش بر زمین

گدا گر تواضع کند خوی اوست / ز گردن‌فرازان تواضع نکوست

اگر زیردستی بیفتد چه خاست؟ / زبردست افتاده مرد خداست

نه ذکر جمیلش نهان می‌رود / که صیت کرم در جهان می‌رود

چُن اویی خردمند فرخ‌نژاد / ندارد جهان تا جهان است، یاد

نبینی در ایام او رنجه‌ای / که نالد ز بیداد سرپنجه‌ای

کس این رسم و ترتیب و آیین ندید / فریدون با آن شکوه، این ندید
از آن، پیشِ حق پایگاهش قوی است / که دست ضعیفان به جاهش قوی است
چنان سایه گسترده بر عالمی / که زالی نیندیشد از رستمی
همه‌وقت مـردم ز جور زمان / بنالند و از گـردش آسمـان
در ایـام عـدل تو ای شهریار / نـدارد شکـایت کـس از روزگار
به عهد تو می‌بینم آرام خلق / پس از تو ندانم سرانجام خلق
هم از بخت فرخنده فرجام توست / که تاریخ سعدی در ایام توست
که تا بر فلک ماه و خورشید هست / در این دفترت ذکر جاوید هست
مـلوک ار نکونامی اندوختند / ز پیشینگان سیـرت آمـوختند
تو در سیرت پادشاهی خویش / سَبَق بـردی از پادشاهان پیش
سکندر به دیوار رویین و سنگ / بکرد از جهان راه یأجوج تنگ
تو را سد یأجوج کفر از زر است / نه رویین چو دیوار اسکندر است
زبان‌آوری کاندر این امن و داد / سپاست نگویـد، زبانش مبـاد
زهی بحر بخشایش و کان جود / که مستظهرند از وجودت وجود
برون بینم اوصـاف شاه از حساب / نگنجد در این تنگ‌میدان کتاب

۲۲

گر آن جمله را سعدی انشا کند / مگر دفتری دیگر املا کند

فروماندم از شکر چندین کرم / همان به که دست دعا گسترم

جهانت به کام و فلک یار باد / جهان آفرینت نگهدار باد

بلند اخترت عالم افروخته / زوال اختر دشمنت سوخته

غم از گردش روزگارت مباد / وز اندیشه بر دل غبارت مباد

که بر خاطر پادشاهان غمی / پریشان کند خاطر عالمی

دل و کشورت جمع و معمور باد / ز ملکت پراکندگی دور باد

تنت باد پیوسته چون دین، درست / بداندیش را دل چو تدبیر، سست

درونت به تأیید حق شاد باد / دل و دین و اقلیمت آباد باد

جهان‌آفرین بر تو رحمت کناد / دگر هرچه گویم فسانه‌ست و باد

همینت بس از کردگار مجید / که توفیق خیرت بود بر مزید

نرفت از جهان سعد زنگی به درد / که چون تو خلف نامبردار کرد

عجب نیست این فرع از آن اصل پاک / که جانش بر اوج است و جسمش به خاک

خدایا بر آن تربت نامدار / به فضلت که باران رحمت ببار

گر از سعد زنگی مثل ماند یاد / فلک یاور سعد بوبکر باد

مدح سعد بن ابی‌بکر بن سعد

جوان جوان‌بخت روشن‌ضمیر / به دولت جوان و به تدبیر پیر
به دانش بزرگ و به همت بلند / به بازو دلیر و به دل هوشمند
زهی دولت مادر روزگار / که رودی چنین پرورد در کنار
به دست کرم آب دریا ببرد / به رفعت محل ثریا ببرد
زهی چشم دولت به روی تو باز / سر شهریاران گردن فراز
صدف را که بینی ز دردانه پر / نه آن قدر دارد که یکدانه در
تو آن دُر مکنون یکدانه‌ای / که پیرایهٔ سلطنت‌خانه‌ای
نگه دار یارب به چشم خودش / بپرهیز از آسیب چشم بدش
خدایا در آفاق نامی کنش / به توفیق طاعت گرامی کنش
مقیمش در انصاف و تقوی بدار / مرادش به دنیا و عقبی برآر
غم از دشمن ناپسندش مباد / وز اندیشه بر دل گزندش مباد
بهشتی‌درخت آورد چون تو بار / پسر نامجوی و پدر نامدار
از آن خاندان خیر بیگانه دان / که باشند بدخواه این خاندان
زهی دین و دانش، زهی عدل و داد / زهی ملک و دولت که پاینده باد

نگنجد کرمهای حق در قیاس   چه خدمت گزارد زبان سپاس؟
خدایا تو این شاه درویش‌دوست   که آسایش خلق در ظلّ اوست
بسی بر سر خلق پاینده دار   به توفیق طاعت دلش زنده دار
برومند دارش درخت امید   سرش سبز و رویش به رحمت سفید
به راه تکلف مرو سعدیا   اگر صدق داری بیار و بیا
تو منزل شناسی و شه راهرو   تو حق‌گوی و خسرو حقایق شنو
چه حاجت که نُه کرسی آسمان   نهی زیر پای قزل‌ارسلان
مگو پای عزت بر افلاک نه   بگو روی اخلاص بر خاک نه
به طاعت بنه چهره بر آستان   که این است سر جاده راستان
اگر بنده‌ای سر بر این در بنه   کلاه خداوندی از سر بنه
به درگاه فرمانده ذوالجلال   چو درویش پیش توانگر بنال
چو طاعت کنی لبس شاهی مپوش   چو درویش مخلص برآور خروش
که پروردگارا توانگر تویی   توانا و درویش‌پرور تویی
نه کشور خدایم، نه فرماندهم   یکی از گدایان این درگهم
تو بر خیر و نیکی دهم دسترس   وگرنه چه خیر آید از من به کس؟

دعا کن به شب، چون گدایان به سوز — اگر می‌کنی پادشاهی به روز

کمر بسته گردن‌کشان بر درت — تو بر آستان عبادت سرت

زهی بندگان را خداوندگار — خداوند را بندهٔ حق‌گزار

حکایت کنند از بزرگان دین — حقیقت‌شناسان عین‌الیقین

که صاحب‌دلی بر پلنگی نشست — همی راند رهوار و ماری به دست

یکی گفتش: ای مرد راه خدای — بدین ره که رفتی مرا ره نمای

چه کردی که درّنده رام تو شد — نگین سعادت به نام تو شد؟

بگفت ار پلنگم زبون است و مار — وگر پیل و کرکس، شگفتی مدار

تو هم گردن از حکم داور مپیچ — که گردن نپیچد ز حکم تو هیچ

چو حاکم به فرمان داور بود — خدایش نگهبان و یاور بود

محال است چون دوست دارد تو را — که در دست دشمن گذارد تو را

ره این است، روی از طریقت متاب — بنه گام و کامی که داری بیاب

نصیحت کسی سودمند آیدش — که گفتار سعدی پسند آیدش

باب اول

در عدل و تدبیر و رای

شنیدم که در وقت نزع روان به هرمز چنین گفت نوشیروان
که خاطرنگهدار درویش باش نه در بند آسایش خویش باش
نیاساید اندر دیار تو کس چو آسایش خویش جویی و بس
نیاید به نزدیک دانا پسند شبان خفته و گرگ در گوسفند
برو پاس درویش محتاج دار که شاه از رعیت بود تاجدار
رعیت چو بیخ‌اند و سلطان درخت درخت، ای پسر، باشد از بیخ سخت
مکن تا توانی دل خلق ریش وگر می‌کُنی می‌کَنی بیخ خویش
اگر جاده‌ای بایدت مستقیم رهِ پارسایان امید است و بیم
طبیعت شود مرد را بخردی به امید نیکی و بیم بدی
گر این هر دو در پادشه یافتی در اقلیم و ملکش پنه یافتی
که بخشایش آرد بر امیدوار به امید بخشایش کردگار
گزند کسانش نیاید پسند که ترسد که در ملکش آید گزند
وگر در سرشت وی این خوی نیست در آن کشور آسودگی بوی نیست

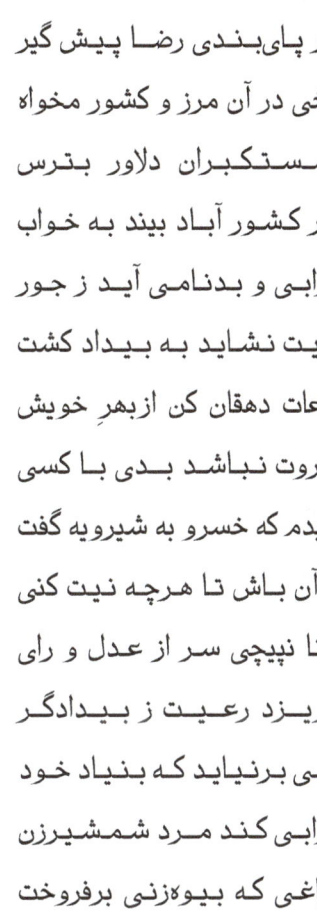

اگر پای‌بندی رضا پیش گیر　　وگر یک‌سواری سر خویش گیر
فراخی در آن مرز و کشور مخواه　　که دل‌تنگ بینی رعیت ز شاه
ز مستکبران دلاور بترس　　از آن کاو نترسد ز داور بترس
دگر کشور آباد بیند به خواب　　که دارد دل اهل کشور خراب
خرابی و بدنامی آید ز جور　　رسد پیش‌بین این سخن را به غور
رعیت نشاید به بیداد کشت　　که مر سلطنت را پناهند و پشت
مراعات دهقان کن از بهرِ خویش　　که مزدور خوش‌دل کند کار بیش
مروت نباشد بدی با کسی　　کز او نیکویی دیده باشی بسی
شنیدم که خسرو به شیرویه گفت　　در آن دم که چشمش ز دیدن بخفت
بر آن باش تا هرچه نیت کنی　　نظر در صلاح رعیت کنی
الا تا نپیچی سر از عدل و رای　　که مردم ز دستت نپیچند پای
گریزد رعیت ز بیدادگر　　کند نام زشتش به گیتی سمر
بسی برنیاید که بنیاد خود　　بکند آن که بنهاد بنیاد بد
خرابی کند مرد شمشیرزن　　نه چندان که دود دل طفل و زن
چراغی که بیوه‌زنی برفروخت　　بسی دیده باشی که شهری بسوخت

از آن بهره‌ورتر در آفاق کیست	که در ملکرانی به انصاف زیست
چو نوبت رسد زین جهان غربتش	ترحّم فرستند بر تربتش
بد و نیک مردم چو می‌بگذرند	همان به که نامت به نیکی برند

***

خداترس را بر رعیت گمار	که معمار ملک است پرهیزگار
بداندیش توست آن و خون‌خوار خلق	که نفع تو جوید در آزار خلق
ریاست به دست کسانی خطاست	که از دستشان دست‌ها بر خداست
نکوکارپرور نبیند بدی	چو بد پروری خصم خون خودی
مکافات موذی به مالش مکن	که بیخش برآورد باید ز بن
مکن صبر بر عامل ظلمدوست	که از فربهی بایدش کند پوست
سر گرگ باید هم اول برید	نه چون گوسفندان مردم درید

***

چه خوش گفت بازارگانی اسیر	چو گردش گرفتند دزدان به تیر
چو مردانگی آید از رهزنان	چه مردان لشکر، چه خیل زنان
شهنشه که بازارگان را بخست	در خیر بر شهر و لشکر ببست

کی آنجا دگر هوشمندان روند
چو آوازهٔ رسم بد بشنوند؟

نکو بایدت نام و نیکی قبول
نکو دار بازارگان و رسول

بزرگان مسافر به جان پرورند
که نام نکویی به عالم برند

تبه گردد آن مملکت عن‌قریب
کز او خاطرآزرده آید غریب

غریب‌آشنا باش و سیاح‌دوست
که سیاح جَلّاب نام نکوست

نکو دار ضیف و مسافر عزیز
وز آسیبشان بر حذر باش نیز

ز بیگانه پرهیز کردن نکوست
که دشمن توان بود در زیّ دوست

* * *

غریبی که پر فتنه باشد سرش
میازار و بیرون کن از کشورش

تو گر خشم بر وی نگیری رواست
که خود خوی بد دشمنش در قفاست

وگر پارسی باشدش زاد و بوم
به صنعاش مفرست و سقلاب و روم

هم آنجا امانش مده تا به چاشت
نشاید بلا بر دگر کس گماشت

که گویند برگشته باد آن زمین
کز او مردم آیند بیرون چنین

***

قدیمان خود را بیفزای قدر
که هرگز نیاید ز پرورده غدر

چو خدمتگزاریت گردد کهن حـق سـالـیـانـش فـرامـش مکن
گر او را هرم دست خدمت ببست تو را بر کرم همچنان دست هست
شنیدم که شاپور دم درکشید چو خسرو به رسمش قلم درکشید
چو شد حالش از بینوایی تباه نبشت این حکایت به نزدیک شاه
چو بذل تو کردم جوانی خویش بـه هنگام پـیـری مـرانـم ز پیش

***

عمل گر دهی مـرد منعم شناس که مفلس ندارد ز سلطان هراس
چو مفلس فرو برد گردن به دوش از او بـرنـیـایـد دگـر جـز خروش
چو مشرف دو دست از امانت بداشت بـبـایـد بـر او نـاظری برگماشت
ور او نیز در ساخت با خاطرش ز مشرف عمل بـر کن و ناظرش
خـدا تـرس بـایـد امـانـتگـزار امـین کز تو ترسد امینش مدار
امـین بـایـد از داور اندیشـنـاک نه از رفع دیـوان و زجـر و هلاک
بیفشان و بشمار و فارغ نشین که از صـد یکی را نبینی امین
دو همجنس دیرینه را همقلم نبـایـد فرستاد یک جا به هم
چه دانی که همدست گردند و یار یکی دزد بـاشـد، یکی پـردهدار

چو دزدان ز هم باک دارند و بیم   رود در میان کاروانی سلیم

***

یکی را که معزول کردی ز جاه   چو چندی برآید ببخشش گناه
برآوردن کام امّیدوار   به از قید بندی شکستن هزار
نویسنده را گر ستون عمل   بیفتد، نبرد طناب امل
به فرمان‌بران بر شه دادگر   پدروار خشم آورد بر پسر
گهش می‌زند تا شود دردناک   گهی می‌کند آبش از دیده پاک
چو نرمی کنی، خصم گردد دلیر   وگر خشم گیری، شوند از تو سیر
درشتی و نرمی به هم در، به است   چو رگ‌زن که جراح و مرهم نه است
جوانمرد و خوش‌خوی و بخشنده باش   چو حق بر تو پاشد تو بر خلق پاش
نیامد کس اندر جهان کاو بماند   مگر آن کز او نام نیکو بماند
نمرد آن که مانَد پس از وی به جای   پل و خانی و خان و مهمان‌سرای
هر آن کاو نماند از پسش یادگار   درخت وجودش نیاورد بار
وگر رفت و آثار خیرش نماند   نشاید پس مرگش الحمد خواند

***

چو خواهی که نامت بود جاودان   مکن نام نیک بزرگان نهان
همین نقش برخوان پس از عهد خویش   که دیدی پس از عهد شاهان پیش
همین کام و ناز و طرب داشتند   به آخر برفتند و بگذاشتند
یکی نام نیکو ببرد از جهان   یکی رسم بد ماند از او جاودان

***

به سمع رضا مشنو ایذای کس   وگر گفته آید به غورش برس
گنهکار را عذر نِسیان بنه   چو زنهار خواهند زنهار ده
گر آید گنهکاری اندر پناه   نه شرط است کشتن به اول گناه
چو باری بگفتند و نشنید پند   بده گوشمالش به زندان و بند
وگر پند و بندش نیاید به کار   درختی خبیث است، بیخش برآر
چو خشم آیدت بر گناه کسی   تأمل کنش در عقوبت بسی
که سهل است لعل بدخشان شکست   شکسته نشاید دگرباره بست

حکایت

ز دریای عمان برآمد کسی   سفر کرده هامون و دریا بسی

عرب دیده و ترک و تاجیک و روم
ز هر جنس در نفس پاکش علوم

جهان گشته و دانش اندوخته
سفر کرده و صحبت آموخته

به هیکل قوی، چون تناور درخت
ولیکن فرومانده بی‌برگ سخت

دو صد رقعه بالای هم دوخته
ز حرّاق و او در میان سوخته

به شهری درآمد ز دریاکنار
بزرگی در آن ناحیت شهریار

که طبعی نکونامی‌اندیش داشت
سر عجز در پای درویش داشت

بشستند خدمتگزاران شاه
سر و تن به حمامش از گرد راه

چو بر آستان ملک سر نهاد
نیایش‌کنان دست بر بر نهاد

درآمد به ایوان شاهنشهی
که بختت جوان باد و دولت رهی

نرفتم در این مملکت منزلی
کز آسیب آزرده دیدم دلی

ندیدم کسی سرگران از شراب
مگر هم خرابات دیدم خراب

ملک را همین ملک‌پیرایه بس
که راضی نگردد به آزار کس

سخن گفت و دامان گوهر فشاند
به نطقی که شه آستین برفشاند

پسند آمدش حُسن گفتار مرد
به نزد خودش خواند و اکرام کرد

زرش داد و گوهر به شکر قدوم
بپرسیدش از گوهر و زادوبوم

بگفت آنچه پرسیدش از سرگذشت	به قربت ز دیگر کسان بر گذشت
ملک با دل خویش با گفت‌وگو	که دست وزارت سپارد بدو
ولیکن به تدریج تا انجمن	به سستی نخندند بر رای من
به عقلش بباید نخست آزمود	به قدر هنر پایگاهش فزود
برد بر دل از جور غم بارها	که ناآزموده کند کارها
چو قاضی به فکرت نویسد سجل	نگردد ز دستاربندان خجل
نظر کن چو سوفار داری به شست	نه آنگه که پرتاب کردی ز دست
چو یوسف کسی در صلاح و تمیز	به یک سال باید که گردد عزیز
به ایام تا برنیاید بسی	نشاید رسیدن به غور کسی
ز هر نوع اخلاق او کشف کرد	خردمند و پاکیزه‌دین بود مرد
نکوسیرتش دید و روشن‌قیاس	سخن‌سنج و مقدار مردم شناس
به رای از بزرگان مهش دید و بیش	نشاندش زبردست دستور خویش
چنان حکمت و معرفت کار بست	که از امر و نهیش درونی نَخَست
درآورد ملکی به زیر قلم	کز او بر وجودی نیامد الم
زبان همه حرف‌گیران ببست	که حرفی بدش برنیامد ز دست

حسودی که یک جو خیانت ندید
به کارش نیامد چو گندم تپید

ز روشن دلش ملک پرتو گرفت
وزیر کهن را غم نو گرفت

ندید آن خردمند را رخنه‌ای
که در وی تواند زدن طعنه‌ای

امین و بداندیش طشت‌اند و مور
نشاید در او رخنه کردن به زور

ملک را دو خورشیدطلعت غلام
به سر بر، کمر بسته بودی مدام

دو پاکیزه‌پیکر چو حور و پری
چو خورشید و ماه از سه دیگر بَری

دو صورت که گفتی یکی نیست بیش
نموده در آیینه همتای خویش

سخن‌های دانای شیرین‌سخن
گرفت اندر آن هر دو شمشاد بن

چو دیدند کاوصاف و خلقش نکوست
به طبعش هواخواه گشتند و دوست

در او هم اثر کرد میل بشر
نه میلی چو کوتاه‌بینان به شر

از آسایش آن‌گه خبر داشتی
که در روی ایشان نظر داشتی

وزیر اندر این شمّه‌ای راه برد
به خُبث این حکایت بَرِ شاه برد

که این را ندانم چه خوانند و کیست!
نخواهد به سامان در این ملک زیست

سفرکردگان لاابالی زیند
که پروردهٔ ملک و دولت نیند

شنیدم که با بندگانش سر است
خیانت‌پسند است و شهوت‌پرست

نشاید چنین خیره‌روی تباه	که بدنامی آرد در ایوان شاه
مگر نعمت شه فرامش کنم	که بینم تباهی و خامش کنم
به پندار نتوان سخن گفت زود	نگفتم تو را تا یقینم نبود
ز فرمان‌برانم کسی گوش داشت	که آغوش را اندر آغوش داشت
من این گفتم اکنون ملک راست رای	چو من آزمودم تو نیز آزمای
به ناخوب‌تر صورتی شرح داد	که بد مرد را نیک‌روزی مباد
بداندیش بر خرده چون دست یافت	درون بزرگان به آتش بتافت
به خرده توان آتش افروختن	پس آنگه درخت کهن سوختن
ملک را چنان گرم کرد این خبر	که جوشش برآمد چو مرجل به سر
غضب، دست در خون درویش داشت	ولیکن سکون، دست در پیش داشت
که پرورده کشتن نه مردی بود	ستم در پی داد، سردی بود
میازار پروردهٔ خویشتن	چو تیر تو دارد به تیرش مزن
به نعمت نبایست پروردنش	چو خواهی به بیداد خون خوردنش
از او تا هنرها یقینت نشد	در ایوان شاهی قرینت نشد
کنون تا یقینت نگردد گناه	به گفتار دشمن گزندش مخواه

ملک در دل این راز پوشیده داشت / که قول حکیمان نیوشیده داشت
دل است، ای خردمند، زندان راز / چو گفتی نیاید به زنجیر باز
نظر کرد پوشیده در کار مرد / خلل دید در رای هشیارمرد
که ناگه نظر زی یکی بنده کرد / پری‌چهره در زیر لب خنده کرد
دو کس را که با هم بود جان و هوش / حکایت کنان‌اند و ایشان خموش
چو دیده به دیدار کردی دلیر / نگردی چو مستسقی از دجله سیر
ملک را گمان بدی راست شد / ز سودا بر او خشمگین خواست شد
هم از حسن تدبیر و رای تمام / به آهستگی گفتش ای نیک‌نام
تو را من خردمند پنداشتم / بر اسرار ملکت امین داشتم
گمان بردمت زیرک و هوشمند / ندانستمت خیره و ناپسند
چنین مرتفع پایه جای تو نیست / گناه از من آمد خطای تو نیست
که چون بدگهر پرورم لاجرم / خیانت روا داردم در حرم
برآورد سر مرد بسیاردان / چنین گفت با خسرو کاردان
مرا چون بود دامن از جرم پاک / نباشد ز خبث بداندیش باک
به خاطر درم هرگز این ظن نرفت / ندانم که گفت آنچه بر من نرفت

شهنشاه گفت: آنچه گفتم برت   بگویند خصمان به روی اندرت

چنین گفت با من وزیر کهن   تو نیز آنچه دانی بگوی و بکن

تبسم‌کنان دست بر لب گرفت   کز او هرچه آید نیاید شگفت

حسودی که بیند به جای خودم   کجا بر زبان آورد جز بدم

من آن ساعت انگاشتم دشمنش   که بنشاند شه زیردست منش

چو سلطان فضیلت نهد بر وی‌ام   ندانی که دشمن بود در پی‌ام؟

مرا تا قیامت نگیرد به دوست   چو بیند که در عز من ذل اوست

بر اینت بگویم حدیثی درست   اگر گوش با بنده داری نخست

ندانم کجا دیده‌ام در کتاب   که ابلیس را دید شخصی به خواب

به بالا صنوبر، به دیدن چو حور   چو خورشیدش از چهره می‌تافت نور

فرارفت و گفت: ای عجب، این تویی   فرشته نباشد بدین نیکویی

تو کاین روی داری به حسن قمر   چرا در جهانی به زشتی سمر؟

چرا نقش‌بندت در ایوان شاه   دژم روی کرده است و زشت و تباه؟

شنید این سخن، بخت‌برگشته دیو   به زاری برآورد بانگ و غریو

که ای نیک‌بخت، این نه شکل من است   ولیکن قلم در کف دشمن است

مرا همچنین نام نیک است لیک
ز علت نگوید بداندیش نیک

وزیری که جاه من آبش بریخت
به فرسنگ باید ز مکرش گریخت

ولیکن نیندیشم از خشم شاه
دلاور بود در سخن، بی‌گناه

اگر محتسب گردد آن را غم است
که سنگ ترازوی بارش کم است

چو حرفم برآید درست از قلم
مرا از همه حرف‌گیران چه غم؟

ملک در سخن گفتنش خیره ماند
سر دست فرماندهی برفشاند

که مجرم به زرق و زبان‌آوری
ز جرمی که دارد نگردد بری

ز خصمت همانا که نشنیده‌ام
نه آخر به چشم خودم دیده‌ام؟

کز این زمرهٔ خلق در بارگاه
نمی‌باشدت جز در اینان نگاه

بخندید مرد سخنگوی و گفت
حق است این سخن، حق نشاید نهفت

در این نکته‌ای هست اگر بشنوی
که حکمت روان باد و دولت قوی

نبینی که درویش بی‌دستگاه
به حسرت کند در توانگر نگاه

مرا دستگاه جوانی برفت
به لهو و لعب زندگانی برفت

ز دیدار اینان ندارم شکیب
که سرمایه‌داران حسن‌اند و زیب

مرا همچنین چهره گلفام بود
بلورینم از خوبی، اندام بود

در این غایتم رِشت باید کفن	که مویم چو پنبه است و دوکم بدن
مرا همچنین جعد شبرنگ بود	قبا در بر از نازکی تنگ بود
دو رسته دُرَم در دهن داشت جای	چو دیواری از خشت سیمین به پای
کنونم نگه کن به وقت سخن	بیفتاده یکیک چو سور کهن
در اینان به حسرت چرا ننگرم؟	که عمر تلف کرده یاد آورم
برفت از من آن روزهای عزیز	به پایان رسد ناگه این روز نیز
چو دانشور این دُرّ معنی بسفت	بگفت این کز این به محال است گفت
در ارکان دولت نگه کرد شاه	کز این خوبتر لفظ و معنی مخواه
کسی را نظر سوی شاهد رواست	که داند بدین شاهدی عذر خواست
به عقل ار نه آهستگی کردمی	به گفتار خصمش بیازردمی
به تندی سبک دست بردن به تیغ	به دندان بَرَد پشت دست دریغ
ز صاحب غرض تا سخن نشنوی	که گر کار بندی پشیمان شوی
نکونام را جاه و تشریف و مال	بیفزود و بدگوی را گوشمال
به تدبیر دستور دانشورش	به نیکی بشد نام در کشورش
به عدل و کرم سال‌ها ملک راند	برفت و نکونامی از وی بماند

چنین پادشاهان که دین‌پرورند   به بازوی دین، گوی دولت برند
از آنان نبینم در این عهد کس   وگر هست بوبکر سعد است و بس
بهشتی‌درختی تو، ای پادشاه   که افکنده‌ای سایه یکساله راه
طمع بود از بخت نیک‌اخترم   که بال همای افکند بر سرم
خرد گفت دولت نبخشد همای   گر اقبال خواهی در این سایه آی
خدایا به رحمت نظر کرده‌ای   که این سایه بر خلق گسترده‌ای
دعاگوی این دولتم بنده‌وار   خدایا تو این سایه پاینده دار

***

صواب است پیش از کشش بند کرد   که نتوان سر کشته پیوند کرد
خداوند فرمان و رای و شکوه   ز غوغای مردم نگردد ستوه
سر پر غرور از تحمل تهی   حرامش بود تاج شاهنشهی
نگویم چو جنگ آوری پای دار   چو خشم آیدت عقل بر جای دار
تحمل کند هر که را عقل هست   نه عقلی که خشمش کند زیردست
چو لشکر برون تاخت خشم از کمین   نه انصاف ماند نه تقوی نه دین
ندیدم چنین دیو زیر فلک   که از وی گریزند چندین ملک

***

نه بر حکم شرع آب خوردن خطاست / وگر خون به فتوی بریزی رواست
که را شرع فتوی دهد بر هلاک / الا تا نداری ز کشتنش باک
وگر دانی اندر تبارش کسان / بر ایشان ببخشای و راحت رسان
گنه بود مرد ستمکاره را / چه تاوان زن و طفل بیچاره را؟

***

تنت زورمند است و لشکر گران / ولیکن در اقلیم دشمن مران
که وی بر حصاری گریزد بلند / رسد کشوری بی‌گنه را گزند

***

نظر کن در احوال زندانیان / که ممکن بود بی‌گنه در میان

***

چو بازارگان در دیارت بمرد / به مالش خساست بود دستبرد
کز آن پس که بر وی بگریند زار / به هم بازگویند خویش و تبار
که مسکین در اقلیم غربت بمرد / متاعی کز او ماند ظالم ببرد
بیندیش از آن طفلک بی‌پدر / وز آه دل دردمندش حذر

بسا نام نیکوی پنجاه سال
که یک نام زشتش کند پایمال

پسندیده‌کاران جاویدنام
تطاول نکردند بر مال عام

بر آفاق اگر سربه‌سر پادشاست
چو مال از توانگر ستاند گداست

بمرد از تهی‌دستی آزادمرد
ز پهلوی مسکین شکم پر نکرد

***

شنیدم که فرماندهی دادگر
قبا داشتی هر دو روی آستر

یکی گفتش ای خسرو نیک‌روز
ز دیبای چینی قبایی بدوز

بگفت این‌قدر ستر و آسایش است
وز این بگذری زیب و آرایش است

نه ازبهرِ آن می‌ستانم خراج
که زینت کنم بر خود و تخت و تاج

چو همچون زنان حلّه در تن کنم
به مردی کجا دفع دشمن کنم؟

مرا هم ز صدگونه آز و هواست
ولیکن خزینه نه تنها مراست

خزاین پر ازبهرِ لشکر بود
نه ازبهرِ آذین و زیور بود

***

سپاهی که خوش‌دل نباشد ز شاه
ندارد حدود ولایت نگاه

چو دشمن خر روستایی برد
ملک باج و ده‌یک چرا می‌خورد؟

مخالف خرش برد و سلطان خراج   چه اقبال ماند در آن تخت و تاج؟
رعیت درخت است اگر پروری   به کام دل دوستان بر خوری
به بی‌رحمی از بیخ و بارش مکن   که نادان کند حیف بر خویشتن
مروت نباشد بر افتاده زور   بَرَد مرغ دون دانه از پیش مور
کسان بر خورند از جوانی و بخت   که بر زیردستان نگیرند سخت
اگر زیردستی درآید ز پای   حذر کن ز نالیدنش بر خدای

***

چو شاید گرفتن به نرمی دیار   به پیکار خون از مشامی میار
به مردی که ملک سراسر زمین   نیرزد که خونی چکد بر زمین
شنیدم که جمشید فرخسرشت   به سرچشمه‌ای بر به سنگی نوشت
بر این چشمه چون ما بسی دم زدند برفتند چون چشم بر هم زدند
گرفتیم عالم به مردی و زور   ولیکن نبردیم با خود به گور

***

چو بر دشمنی باشدت دسترس   مرنجانش کاو را همین غصه بس
عدو زنده سرگشته پیرامنت   به از خون او کشته در گردنت

حکایت

شنیدم که دارای فرخ‌تبار ز لشکر جدا ماند روز شکار

دوان آمدش گله‌بانی به پیش به دل گفت دارای فرخنده‌کیش

مگر دشمن است این که آمد به جنگ ز دورش بدوزم به تیر خدنگ

کمان کیانی به زه راست کرد به‌یک‌دم وجودش عدم خواست کرد

بگفت ای خداوند ایران و تور که چشم بد از روزگار تو دور

من آنم که اسبان شه پرورم به خدمت بدین مرغزار اندرم

ملک را دل رفته آمد به جای بخندید و گفت: ای نکوهیده‌رای

تو را یاوری کرد فرخ سروش وگرنه زه آورده بودم به گوش

نگهبان مرعی بخندید و گفت: نصیحت ز منعم نباید نهفت

نه تدبیر محمود و رای نکوست که دشمن نداند شهنشه ز دوست

چنان است در مهتری شرطِ زیست که هر کهتری را بدانی که کیست

مرا بارها در حضر دیده‌ای ز خیل و چراگاه پرسیده‌ای

کنونت به مهر آمدم پیشباز نمی‌دانی‌ام از بداندیش باز

توانم من، ای نامور شهریار که اسبی برون آرم از صدهزار

مرا گله‌بانی به عقل است و رای		تو هم گلهٔ خویش باری، بپای
در آن تخت و ملک از خلل غم بود		که تدبیر شاه از شبان کم بود

***

تو کی بشنوی نالهٔ دادخواه		به کیوان برت کلهٔ خوابگاه؟
چنان خسب کآید فغانت به گوش		اگر دادخواهی برآرد خروش
که نالد ز ظالم که در دور توست		که هر جور کاو می‌کند جور توست
نه سگ دامن کاروانی درید		که دهقان نادان که سگ پرورید
دلیر آمدی سعدیا در سخن		چو تیغت به دست است فتحی بکن
بگو آنچه دانی که حق گفته به		نه رشوت‌ستانی و نه عشوه‌ده
طمع بند و دفتر ز حکمت بشوی		طمع بگسل و هرچه دانی بگوی

***

خبر یافت گردن‌کشی در عراق		که می‌گفت مسکینی از زیر طاق
تو هم بر دری هستی امیدوار		پس امید بر در نشینان برآر

***

نخواهی که باشد دلت دردمند		دل دردمندان برآور ز بند

پریشانی خاطر دادخواه ... براندازد از مملکت پادشاه
تو خفته خنک در حرم نیمروز ... غریب از برون گو به گرما بسوز
ستاننده داد آن کس خداست ... که نتواند از پادشه دادخواست

حکایت

یکی از بزرگان اهل تمیز ... حکایت کند ز ابن عبدالعزیز
که بودش نگینی در انگشتری ... فرومانده در قیمتش جوهری
به شب گفتی از جرم گیتی‌فروز ... دُری بود از روشنایی چو روز
قضا را درآمد یکی خشکسال ... که شد بدر سیمای مردم هلال
چو در مردم آرام و قوت ندید ... خود آسوده بودن مروت ندید
چو بیند کسی زهر در کام خلق ... کی‌اش بگذرد آب نوشین به حلق
بفرمود و بفروختندش به سیم ... که رحم آمدش بر غریب و یتیم
به یک هفته نقدش به تاراج داد ... به درویش و مسکین و محتاج داد
فتادند در وی ملامت‌کنان ... که دیگر به دستت نیاید چنان
شنیدم که می‌گفت و باران دَمع ... فرومی‌دویدش به عارض چو شمع

که زشت است پیرایه بر شهریار
دل شـهـری از نـاتـوانـی فـگـار
مـرا شـایـد انـگـشـتـری بی‌نگین
نـشـایـد دل خـلـقـی انـدوهـگـیـن
خنک آن کـه آسـایـش مـرد و زن
گـزیـنـد بـر آرایــش خـویـشـتـن
نـکـردنـد رغـبـت هـنـرپـروران
به شـادی خـویش از غم دیـگران

***

اگر خوش بخسبد ملک بر سریر
نـپـنـدارم آسـوده خـسـبـد فـقـیر
وگـر زنـده دارد شـب دیـریـاز
بخسبند مـردم بـه آرام و نـاز
بحمدالله این سیرت و راه راست
اتـابـک ابـوبـکـر بـن سـعـد راسـت
کس از فتنه در پارس دیگر نشان
نـبـیـنـد مـگـر قـامـت مـهـوشـان
یکی پنج بیتم خوش آمد به گوش
که در مجلسی می‌سرودند دوش
مـرا راحـت از زنـدگـی دوش بود
کـه آن مـاهـرویـم در آغـوش بـود
مر او را چو دیدم سر از خواب مست
بدو گفتم ای سرو پیش تو پست
دمی نرگس از خواب نوشین بشوی
چو گلبن بخند و چو بلبل بگوی
چه می‌خسبی ای فتنه روزگـار؟
بـیـا و مـی لـعـل نـوشـیـن بـیـار
نگه کرد شوریده از خواب و گفت
مـرا فتنه خـوانی و گویی مخفت

در ایام سلطان روشن‌نفس   نبیند دگر فتنه بیدار کس

حکایت

در اخبار شاهان پیشینه هست   که چون تکله بر تخت زنگی نشست
به دورانش از کس نیازرد کس   سبق برد اگر خود همین بود و بس
چنین گفت یکره به صاحبدلی   که عمرم به سر رفت بی‌حاصلی
بخواهم به کنج عبادت نشست   که دریابم این پنج روزی که هست
چو می‌بگذرد جاه و ملک و سریر   نبرد از جهان دولت الا فقیر
چو بشنید دانای روشن نفس   !به تندی برآشفت کای تکله بس
طریقت به جز خدمت خلق نیست   به تسبیح و سجاده و دلق نیست
تو بر تخت سلطانی خویش باش   به اخلاق پاکیزه درویش باش
به صدق و ارادت میان بسته دار   ز طامات و دعوی زبان بسته دار
قدم باید اندر طریقت نه دم   که اصلی ندارد دم بی‌قدم
بزرگان که نقد صفا داشتند   چنین خرقه زیر قبا داشتند

حکایت

شنیدم که بگریست سلطان روم / بر نیک‌مردی ز اهل علوم
که پایابم از دست دشمن نماند / جز این قلعه و شهر با من نماند
بسی جهد کردم که فرزند من / پس از من بود سرور انجمن
کنون دشمن بدگهر دست یافت / سر دست مردی و جهدم بتافت
چه تدبیر سازم، چه درمان کنم؟ / که از غم بفرسود جان در تنم
بگفت ای برادر غم خویش خور / که از عمر بهتر شد و بیشتر
تو را این‌قدر تا بمانی بس است / چو رفتی جهان جای دیگر کس است
اگر هوشمند است و گر بی‌خرد / غم او مخور کاو غم خود خورد
مشقت نیرزد جهان داشتن / گرفتن به شمشیر و بگذاشتن
بدین پنج‌روزه اقامت مناز / به اندیشه تدبیر رفتن بساز
که را دانی از خسروان عجم / ز عهد فریدون و ضحاک و جم
که بر تخت و ملکش نیامد زوال؟ / نماند به جز ملک ایزد تعال
که را جاودان ماندن امید ماند / چو کس را نبینی که جاوید ماند
که را سیم و زر ماند و گنج و مال / پس از وی به چندی شود پایمال

وز آن کس که خیری بماند روان	دمادم رسد رحمتش بر روان
بزرگی کز او نام نیکو نماند	توان گفت با اهل دل کاو نماند
الا تا درخت کرم پروری	گر امیدواری کز او بر خوری
کرم کن که فردا که دیوان نهند	منازل به مقدار احسان دهند
یکی را که سعی قدم پیشتر	به درگاه حق، منزلت بیشتر
یکی باز پس خائن و شرمسار	بترسد همی مرد ناکرده کار
بهل تا به دندان گزد پشت دست	تنوری چنین گرم و نانی نبست
بدانی گه غله برداشتن	که سستی بود تخم ناکاشتن

حکایت

خردمند مردی در اقصای شام	گرفت از جهان کنج غاری مقام
به صبرش در آن کنج تاریک جای	به گنج قناعت فرو رفته پای
شنیدم که نامش خدادوست بود	ملک‌سیرتی، آدمی پوست بود
بزرگان نهادند سر بر درش	که در می‌نیامد به درها سرش
تمنا کند عارف پاکباز	به دریوزه از خویشتن ترک آز

چو هر ساعتش نفس گوید بده ... به خواری بگرداندش ده به ده

در آن مرز کاین پیر هشیار بود ... یکی مرزبان ستمکار بود

که هر ناتوان را که دریافتی ... به سرپنجگی پنجه برتافتی

جهان‌سوز و بی‌رحمت و خیره‌کش ... ز تلخیش روی جهانی تُرُش

گروهی برفتند از آن ظلم و عار ... ببردند نام بدش در دیار

گروهی بماندند مسکین و ریش ... پس چرخه، نفرین گرفتند پیش

ید ظلم جایی که گردد دراز ... نبینی لب مردم از خنده باز

به دیدار شیخ آمدی گاه‌گاه ... خدادوست در وی نکردی نگاه

ملک نوبتی گفتش: ای نیک‌بخت ... به نفرت ز من درمکش روی سخت

مرا با تو دانی سر دوستی است ... تو را دشمنی با من از بهرِ چیست؟

گرفتم که سالار کشور نی‌ام ... به عزت ز درویش کمتر نی‌ام؟

نگویم فضیلت نِهَم بر کسی ... چنان باش با من که با هرکسی

شنید این سخن عابد هوشیار ... برآشفت و گفت: ای ملک، هوش دار

وجودت پریشانی خلق از اوست ... ندارم پریشانی خلق دوست

تو با آن که من دوستم، دشمنی ... نپندارمت دوستدار منی

چرا دوست دارم به باطل مَنَت چو دانم که دارد خدا دشمنت؟
مده بوسه بر دست من دوستوار برو دوستداران من دوست دار
خدادوست را گر بدرّند پوست نخواهد شدن دشمن دوست، دوست
عجب دارم از خواب آن سنگ‌دل که خلقی بخسبند از او تنگ‌دل

***

مِها زورمندی مکن با کِهان که بر یک نمط می‌نماند جهان
سر پنجهٔ ناتوان بر مپیچ که گر دست یابد برآیی به هیچ
عدو را به کوچک نباید شمرد که کوه کلان دیدم از سنگ خرد
نبینی که چون با هم آیند مور ز شیران جنگی برآرند شور
نه موری که مویی کز آن کمتر است چو پر شد ز زنجیر محکم‌تر است
مبر گفتمت پای مردم ز جای که عاجز شوی گر درآیی ز پای
دل دوستان جمع بهتر که گنج خزینه تهی به که مردم به رنج
مینداز در پای کار کسی که افتد که در پایش افتی بسی

***

تحمل کن ای ناتوان از قوی که روزی تواناتر از وی شوی

به همت برآر از ستیهنده شور / که بازوی همت به از دست زور
لب خشک مظلوم را گو بخند / که دندان ظالم بخواهند کند

***

به بانگ دهل خواجه بیدار گشت / چه داند شب پاسبان چون گذشت؟
خورد کاروانی غم بار خویش / نسوزد دلش بر خر پشت‌ریش
گرفتم کز افتادگان نیستی / چو افتاده بینی چرا نیستی؟
بر اینت بگویم یکی سرگذشت / که سستی بود زین سخن درگذشت

حکایت

چنان قحطسالی شد اندر دمشق / که یاران فراموش کردند عشق
چنان آسمان بر زمین شد بخیل / که لب تر نکردند زرع و نخیل
بخوشید سرچشمه‌های قدیم / نماند آب، جز آب چشم یتیم
نبودی به‌جز آه بیوه زنی / اگر بر شدی دودی از روزنی
چو درویش بی‌رنگ دیدم درخت / قوی بازوان سست و درمانده سخت
نه در کوه سبزی، نه در باغ شخ / ملخ بوستان خورده، مردم ملخ

در آن حال پیش آمدم دوستی / از او مانده بر استخوان پوستی
وگرچه به مکنت قوی‌حال بود / خداوند جاه و زر و مال بود
بدو گفتم: ای یار پاکیزه‌خوی / چه درماندگی پیشت آمد؟ بگوی
بغرید بر من که عقلت کجاست / چو دانی و پرسی سؤالت خطاست
نبینی که سختی به غایت رسید / مشقّت به حد نهایت رسید
نه باران همی آید از آسمان / نه برمی‌رود دود فریادخوان
بدو گفتم: آخر تو را باک نیست / کشد زهر جایی که تریاک نیست
گر از نیستی دیگری شد هلاک / تو را هست، بط را ز طوفان چه باک؟
نگه کرد رنجیده در من فقیه / نگه کردن عالم اندر سفیه
که مرد ارچه بر ساحل است، ای رفیق / نیاساید و دوستانش غریق
من از بینوایی نی‌ام روی زرد / غم بینوایان رخم زرد کرد
نخواهد که بیند خردمند، ریش / نه بر عضو مردم، نه بر عضو خویش
یکی اول از تندرستان منم / که ریشی ببینم بلرزد تنم
منغّص بود عیش آن تندرست / که باشد به پهلوی بیمار سست
چو بینم که درویش مسکین نخورد / به کام اندرم لقمه زهر است و درد

یکی را به زندان درش دوستان / کجا ماندش عیش در بوستان؟

حکایت

شبی دود خلق آتشی برفروخت / شنیدم که بغداد نیمی بسوخت
یکی شکر گفت اندران خاک و دود / که دکان ما را گزندی نبود
جهان‌دیده‌ای گفتش ای بوالهوس / تو را خود غم خویشتن بود و بس؟
پسندی که شهری بسوزد به نار / اگر چه سرایت بود بر کنار؟
به جز سنگدل ناکند معده تنگ / چو بیند کسان بر شکم بسته سنگ
توانگر خود آن لقمه چون می‌خورد / چو بیند که درویش خون می‌خورد
مگو تندرست است رنجوردار / که می‌پیچد از غصه رنجوروار
تُنُکدل چو یاران به منزل رسند / نخسبد که واماندگان از پسند
دل پادشاهان شود بارکش / چو بینند در گل خر خارکش
اگر در سرای سعادت کس است / ز گفتار سعدیش حرفی بس است
همینت بسنده‌ست اگر بشنوی / که گر خارکاری سمن ندروی

***

خـبـرداری از خـسـروان عجم / کـه کـردنـد بـر زیـردسـتـان ستم؟
نـه آن شوکت و پادشایی بماند / نـه آن ظلم بـر روسـتـایـی بماند
خطا بین که بر دست ظالم برفت / جهان ماند و با او مظالم برفت
خـنـک روز مـحـشـر تـن دادگـر / کـه در سـایـهٔ عـرش دارد مقر
به قومی که نیکی پسندد خدای / دهـد خـسـروی عـادل و نیک‌رای
چو خواهد که ویران شود عالمی / کـنـد مـلـک در پـنـجـهٔ ظـالـمـی
سگالند از او نـیـک‌مـردان حذر / که خـشـم خـدای اسـت بـیـدادگـر
بـزرگـی از او دان و منت‌شناس / کـه زایـل شـود نعمت ناسپاس
اگر شکر کردی بر این ملک و مال / به مالی و ملکی رسـی بـی‌زوال
وگـر جـور در پـادشـایـی کنی / پـس از پـادشـایـی گـدایـی کنی
حرام است بر پادشه خواب خوش / چو باشد ضعیف از قوی بارکش
مـیـازار عـامـی بـه یـک خـردلـه / که سلطان شبان است و عامی گله
چو پرخاش بینند و بیداد از او / شبان نیست، گرگ است، فریاد از او
بدانجام رفت و بد اندیشه کرد / که با زیردستان جفا، پیشه کرد

به سختی و سستی بر این بگذرد / بماند بر او سال‌ها نام بد
نخواهی که نفرین کنند از پست / نکو باش تا بد نگوید کست

حکایت

شنیدم که در مرزی از باختر / برادر دو بودند از یک پدر
سپهدار و گردن‌کش و پیل‌تن / نکوروی و دانا و شمشیرزن
پدر هر دو را سهمگین مرد یافت / طلبکار جولان و ناورد یافت
برفت آن زمین را دو قسمت نهاد / به هر یک پسر، زآن نصیبی بداد
مبادا که بر یکدگر سر کشند / به پیکار شمشیر کین برکشند
پدر بعد از آن، روزگاری شمرد / به جان‌آفرین جان شیرین سپرد
اجل بگسلاندش طناب امل / وفاتش فروبست دست عمل
مقرر شد آن مملکت بر دو شاه / که بی‌حد و مر بود گنج و سپاه
به حکم نظر در به‌افتاد خویش / گرفتند هر یک، یکی راه پیش
یکی عدل تا نام نیکو برد / یکی ظلم تا مال گرد آورد
یکی عاطفت سیرت خویش کرد / درم داد و تیمار درویش خَورد
بنا کرد و نان داد و لشکر نواخت / شب از بهرِ درویش، شبخانه ساخت

خزاین تهی کرد و پر کرد جِیش
چنان کز خلایق به هنگام عیش

برآمد همی بانگ شادی چو رعد
چو شیراز در عهد بوبکر سعد

خدیو خردمند فرّخ‌نهاد
که شاخ امیدش برومند باد

حکایت شنو کان گَوِ نامجوی
پسندیده‌پی بود و فرخنده‌خوی

ملازم به دلداری خاص و عام
ثناگوی حق بامدادان و شام

در آن ملک قارون برفتی دلیر
که شه دادگر بود و درویش سیر

نیامد در ایام او بر دلی
نگویم که خاری که برگ گلی

سرآمد به تأیید ملک از سران
نهادند سر بر خطش سروران

دگر خواست کافزون کند تخت و تاج
بیافزود بر مرد دهقان خراج

طمع کرد در مال بازارگان
بلا ریخت بر جان بیچارگان

به امید بیشی، نداد و نخَورد
خردمند داند که ناخوب کرد

که تا جمع کرد آن زر از گُربُزی
پراکنده شد لشکر از عاجزی

شنیدند بازارگانان خبر
که ظلم است در بوم آن بی‌هنر

بریدند از آنجا خرید و فروخت
زراعت نیامد، رعیت بسوخت

چو اقبالش از دوستی سر بتافت
به ناکام دشمن بر او دست یافت

ستیز فلک بیخ و بارش بکند	سم اسب دشمن دیارش بکند
وفا در که جوید، چو پیمان گسیخت؟	خراج از که خواهد، چو دهقان گریخت؟
چه نیکی طمع دارد آن بی‌صفا	که باشد دعای بدش در قفا؟
چو بختش نگون بود در کاف کن	نکرد آنچه نیکانش گفتند، کن
چه گفتند نیکان بدان نیکمرد؟	تو برخور که بیدادگر بر نخورد
گمانش خطا بود و تدبیر سست	که در عدل بود آنچه در ظلم جست
یکی بر سر شاخ، بن می‌برید	خداوند بستان نگه کرد و دید
بگفتا گر این مرد بد می‌کند	نه با من که با نفس خود می‌کند
نصیحت بجای است اگر بشنوی	ضعیفان میفکن به کتف قوی
که فردا به داور برد خسروی	گدایی که پیشت نیرزد جوی
چو خواهی که فردا بُوی مهتری	مکن دشمن خویشتن، کهتری
که چون بگذرد بر تو این سلطنت	بگیرد به قهر آن گدا دامنت
مکن، پنجه از ناتوانان بدار	که گر بفکنندت شوی شرمسار
که زشت است در چشم آزادگان	بیفتادن از دست افتادگان
بزرگان روشن‌دل نیک‌بخت	به فرزانگی تاج بردند و تخت

به دنباله راستان کج مرو		وگر راست خواهی ز سعدی شنو

***

مگو جاهی از سلطنت بیش نیست		که ایمن‌تر از ملک درویش نیست
سبکبار مردم سبک‌تر روند		حق این است و صاحب‌دلان بشنوند
تهی‌دست تشویش نانی خورد		جهانبان به قدر جهانی خورد
گدا را چو حاصل شود نان شام		چنان خوش بخسبد که سلطان شام
غم و شادمانی به سر می‌رود		به مرگ این دو از سر به در می‌رود
چه آن را که بر سر نهادند تاج		چه آن را که بر گردن آمد خراج
اگر سرفرازی به کیوان بر است		وگر تنگ‌دستی به زندان در است
چو خیل اجل بر سر هر دو تاخت		نمی شاید از یکدگرشان شناخت

***

شنیدم که یک بار در حله‌ای		سخن گفت با عابدی کَلّه‌ای
که من فَرّ فرماندهی داشتم		به سر بر کلاه مهی داشتم
سپهرم مدد کرد و نصرت وفاق		گرفتم به بازوی دولت عراق
طمع کرده بودم که کرمان خورم		که ناگه بخوردند کرمان سرم

بکَن پنبهٔ غفلت از گوش هوش   که از مردگان پندت آید به گوش

***

نکوکار مردم نباشد بدش   نورزد کسی بد که نیک افتدش
شرانگیز، هم بر سر شر شود   چو کژدم که با خانه کمتر شود
اگر نفع کس در نهاد تو نیست   چنین گوهر و سنگ خارا یکی است
غلط گفتم ای یار شایسته‌خوی   که نفع است در آهن و سنگ و روی
چنین آدمی مرده به ننگ را   که بر وی فضیلت بود سنگ را
نه هر آدمی‌زاده از دد به است   که دد ز آدمی‌زادهٔ بد به است
به است از دد انسان صاحب خرد   نه انسان که در مردم افتد چو دد
چو انسان نداند به جز خورد و خواب   کدامش فضیلت بود بر دواب؟
سوار نگون‌بخت بی‌راه‌رو   پیاده برد زو به رفتن گرو
کسی دانهٔ نیک‌مردی نکاشت   کز او خرمن کام دل برنداشت
نه هرگز شنیدیم در عمر خویش   که بدمرد را نیکی آمد به پیش

حکایت

گِزیری به چاهی در افتاده بود   که از هـول او شیر نر ماده بود
بداندیش مـردم به جز بد ندید   بیفتاد و عاجزتر از خود ندید
همه شب ز فریاد و زاری نخفت   یکی بر سرش کوفت سنگی و گفت:
تو هرگز رسیدی به فریاد کس   که میخواهی امروز فریادرس؟
همـه تخم نامـردمی کاشتی   ببین لاجـرم بـر که برداشتی
که بر جان ریشت نهد مرهمی   که دلهـا ز ریشت بنالد همی؟
تو ما را همی چاه کندی به راه   به سر لاجـرم در فتادی به چاه
دو کس چَه کنند از پی خاص و عام   یکی نیک‌محضر، دگر زشت‌نام
یکی تشنه را تا کند تازه حلق   دگر تا به گـردن درافتند خلق
اگر بد کنی چشم نیکی مدار   که هـرگز نیارد گز، انگور بار
نپندارم ای در خـزان کشته جو   که گندم ستانی به وقت درو
درخـت زقوم ار به جان پـروری   مپندار هرگز کز او بر خوری
رطب نـاورد چوب خـرزهـره بار   چو تخم افکنی، بر همان چشم دار

حکایت

حکایت کنند از یکی نیک‌مرد   که اکرام حجاج یوسف نکرد
به سرهنگ دیوان نگه کرد تیز   که نطعش بینداز و خونش بریز
چو حجت نماند جفاجوی را   به پرخاش در هم کشد روی را
بخندید و بگریست مرد خدای   عجب داشت سنگین‌دلِ تیره‌رای
چو دیدش که خندید و دیگر گریست   بپرسید کاین خنده و گریه چیست؟
بگفتا همی گریم از روزگار   که طفلان بیچاره دارم چهار
همی‌خندم از لطف یزدان پاک   که مظلوم رفتم نه ظالم به خاک
پسر گفتش: ای نامور شهریار   یکی دست از این مرد صوفی بدار
که خلقی بر او روی دارند و پشت   نه رای است خلقی به یک بار کشت
بزرگی و عفو و کرم پیشه کن   ز خردان اطفالش اندیشه کن
شنیدم که نشنید و خونش بریخت   ز فرمان داور که داند گریخت؟
بزرگی در آن فکرت آن شب بخفت   به خواب اندرش دید و پرسید و گفت
دمی بیش بر من سیاست نراند   عقوبت بر او تا قیامت بماند
نخفته است مظلوم از آهش بترس   ز دود دل صبحگاهش بترس

نترسی که پاک‌اندرونی شبی
بر آرد ز سوز جگر یا ربی؟

نه ابلیس بد کرد و نیکی ندید؟
بَرِ پاک ناید ز تخم پلید

***

مدر پرده کس به هنگام جنگ
که باشد تو را نیز در پرده ننگ

مزن بانگ بر شیرمردان درشت
چو با کودکان برنیایی به مشت

یکی پند می‌داد فرزند را
نگه دار پند خردمند را

مکن جور بر خردکان ای پسر
که یک روزت افتد بزرگی به سر

نمی‌ترسی ای گرگ کم‌خرد
که روزی پلنگیت بر هم درد؟

به خردی درم، زور سرپنجه بود
دل زیردستان ز من رنجه بود

بخوردم یکی مشت زورآوران
نکردم دگر زور بر لاغران

***

الا تا به غفلت نخفتی که نَوم
حرام است بر چشم سالار قوم

غم زیردستان بخور زینهار
بترس از زبردستی روزگار

نصیحت که خالی بود از غرض
چو داروی تلخ است، دفع مرض

حکایت

یکی را حکایت کنند از ملوک
که بیماری رشته کردش چو دوک

چنانش در انداخت ضعف جسد
که می‌برد بر زیردستان حسد

که شاه ار چه بر عرصه نام‌آور است
چو ضعف آمد از بیدقی کمتر است

ندیمی زمین ملک بوسه داد
که ملک خداوند جاوید باد

در این شهر مردی مبارک‌دم است
که در پارسایی چُن اویی کم است

نرفته است هرگز ره ناصواب
دلی روشن و دعوتی مستجاب

نبردند پیشش مهمات کس
که مقصود حاصل نشد در نفس

بخوان تا بخواند دعایی بر این
که رحمت رسد ز آسمان برین

بفرمود تا مهتران خدم
بخواندند پیر مبارک‌قدم

برفتند و گفتند و آمد فقیر
تنی محتشم در لباسی حقیر

بگفتا دعایی کن ای هوشمند
که در رشته چون سوزنم پای‌بند

شنید این سخن پیر خم بوده پشت
به تندی برآورد بانگی درشت

که حق مهربان است بر دادگر
ببخشای و بخشایش حق نگر

دعای مَنَت کی شود سودمند
اسیران محتاج در چاه و بند؟

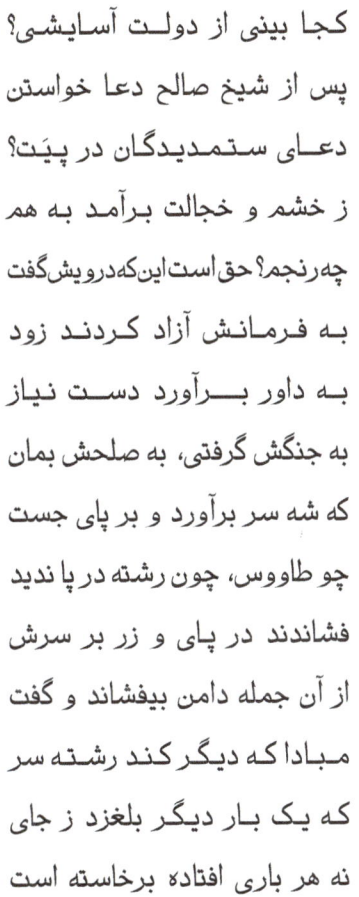

تو ناکرده بر خلق بخشایشی	کجا بینی از دولت آسایشی؟
ببایدت عذر خطا خواستن	پس از شیخ صالح دعا خواستن
کجا دست گیرد دعای ویَت	دعای ستمدیدگان در پیَت؟
شنید این سخن شهریار عجم	ز خشم و خجالت برآمد به هم
برنجید و پس با دل خویش گفت	چه رنجم؟ حق است این که درویش گفت
بفرمود تا هر که در بند بود	به فرمانش آزاد کردند زود
جهان‌دیده بعد از دو رکعت نماز	به داور برآورد دست نیاز
که ای برفرازندهٔ آسمان	به جنگش گرفتی، به صلحش بمان
ولی همچنان بر دعا داشت دست	که شه سر برآورد و بر پای جست
تو گفتی ز شادی بخواهد پرید	چو طاووس، چون رشته در پا ندید
بفرمود گنجینهٔ گوهرش	فشاندند در پای و زر بر سرش
حق از بهرِ باطل نشاید نهفت	از آن جمله دامن بیفشاند و گفت
مرو با سر رشته بار دگر	مبادا که دیگر کند رشته سر
چو باری فتادی نگه‌دار پای	که یک بار دیگر بلغزد ز جای
ز سعدی شنو کاین سخن راست است	نه هر باری افتاده برخاسته است

***

جهان ای پسر ملک جاوید نیست
ز دنیا وفاداری امید نیست

نه بر باد رفتی سحرگاه و شام
سریر سلیمان علیه‌السلام؟

به آخر ندیدی که بر باد رفت؟
خنک آن که با دانش و داد رفت

کسی زین میان گوی دولت ربود
که در بند آسایش خلق بود

به کار آمد آنها که برداشتند
نه گرد آوریدند و بگذاشتند

***

شنیدم که در مصر میری اجل
سپه تاخت بر روزگارش اجل

جمالش برفت از رخ دل‌فروز
چو خور زرد شد، بس نماند ز روز

گَزیدند فرزانگان دست فوت
که در طب ندیدند داروی موت

همه تخت و ملکی پذیرد زوال
به جز ملک فرمانده لایزال

چو نزدیک شد روز عمرش به شب
شنیدند می‌گفت در زیر لب

که در مصر چون من عزیزی نبود
چو حاصل همین بود چیزی نبود

جهان گرد کردم نخوردم برش
برفتم چو بیچارگان از سرش

پسندیده‌رایی که بخشید و خَورد
جهان از پی خویشتن گرد کرد

در این کوش تا با تو ماند مقیم ... که هرچ از تو ماند دریغ است و بیم
کند خواجه بر بستر جان‌گداز ... یکی دست کوتاه و دیگر دراز
در آن دم تو را می‌نماید به دست ... که دهشت زبانش ز گفتن ببست
که دستی به جود و کرم کن دراز ... دگر دست کوته کن از ظلم و آز
کنونت که دست است خاری بکَن ... دگر کی بر آری تو دست از کفن؟
بتابد بسی ماه و پروین و هور ... که سر بر نداری ز بالین گور

حکایت

قزل ارسلان قلعه‌ای سخت داشت ... که گردن به الوند بر می‌فراشت
نه اندیشه از کس، نه حاجت به هیچ ... چو زلف عروسان رهش پیچ‌پیچ
چنان نادر افتاده در روضه‌ای ... که بر لاجوردی طبق بیضه‌ای
شنیدم که مردی مبارک‌حضور ... به نزدیک شاه آمد از راه دور
حقایق‌شناسی، جهان‌دیده‌ای ... هنرمندی، آفاق گردیده‌ای
بزرگی، زبان‌آوری کاردان ... حکیمی، سخنگوی بسیاردان
قزل گفت چندین که گردیده‌ای ... چنین جای محکم دگر دیده‌ای؟

بخندید کاین قلعه‌ای خرم است … ولیکن نپندارمش محکم است
نه پیش از تو گردن‌کشان داشتند … دمی چند بودند و بگذاشتند؟
نه بعد از تو شاهان دیگر برند … درخت امید تو را بر خورند؟
ز دوران ملک پدر یاد کن … دل از بند اندیشه آزاد کن
چنان روزگارش به کنجی نشاند … که بر یک پشیزش تصرف نماند
چو نومید ماند از همه چیز و کس … امیدش به فضل خدا ماند و بس
بر مرد هشیار دنیا خس است … که هر مدتی جای دیگر کس است
چنین گفت شوریده‌ای در عجم … به کسری که ای وارث ملک جم
اگر ملک بر جم بماندی و بخت … تو را کی میسر شدی تاج و تخت؟
اگر گنج قارون به دست آوری … نماند؛ مگر آنچه بخشی، بری

***

چو الب ارسلان جان به جان‌بخش داد … پسر تاج شاهی به سر برنهاد
به تربت سپردندش از تاجگاه … نه جای نشستن بد آماجگاه
چنین گفت دیوانه‌ای هوشیار … چو دیدش پسر روز دیگر سوار
زهی ملک و دوران سر در نشیب … پدر رفت و پای پسر در رکیب

چنین است گردیدن روزگار / سبک‌سیر و بدعهد و ناپایدار
چو دیرینه‌روزی سرآورد عهد / جوان‌دولتی سر برآرد ز مهد
منه بر جهان دل که بیگانه‌ای است / چو مطرب که هر روز در خانه‌ای است
نه لایق بود عیش با دلبری / که هر بامدادش بود شوهری
نکویی کن امسال چون ده تو راست / که سال دگر دیگری دهخداست

حکایت

شنیدم که از پادشاهان غور / یکی پادشه خر گرفتی به زور
خران زیر بار گران بی‌علف / به روزی دو مسکین شدندی تلف
چو منعم کند سفله را، روزگار / نهد بر دل تنگ درویش، بار
چو بام بلندش بود خودپرست / کند بول و خاشاک بر بامِ پست
شنیدم که باری به عزم شکار / برون رفت بیدادگر شهریار
تکاور به دنبال صیدی براند / شبش درگرفت از حشم بازماند
به تنها ندانست روی و رهی / بینداخت ناکام شب در دهی
یکی پیرمرد اندر آن ده مقیم / ز پیران مردم‌شناس قدیم

پسر را همی‌گفت کای شادبهر — خرت را مبر بامدادان به شهر

که این ناجوانمرد برگشته‌بخت — که تابوت بینمش بر جای تخت

کمر بسته دارد به فرمان دیو — به گردون بر از دست جورش غریو

در این کشور آسایش و خرمی — ندید و نبیند به چشم آدمی

مگر کاین سیه‌نامهٔ بی‌صفا — به دوزخ برد لعنت اندر قفا

پسر گفت: راه دراز است و سخت — پیاده نیارم شد، ای نیک‌بخت

طریقی بیندیش و رایی بزن — که رای تو روشن‌تر از رای من

پدر گفت: اگر پند من بشنوی — یکی سنگ برداشت باید قوی

زدن بر خر نامور چند بار — سر و دست و پهلوش کردن فگار

مگر کان فرومایهٔ زشت‌کیش — به کارش نیاید خر پشت‌ریش

چو خضر پیمبر که کشتی شکست — وز او دست جبار ظالم ببست

به سالی که در بحر کشتی گرفت — بسی سال‌ها نام زشتی گرفت

تفو بر چنان ملک و دولت که راند — که شنعت بر او تا قیامت بماند

پسر چون شنید این حدیث از پدر — سر از خط فرمان نبردش به در

فروکوفت بیچاره خر را به سنگ — خر از دست عاجز شد، از پای لنگ

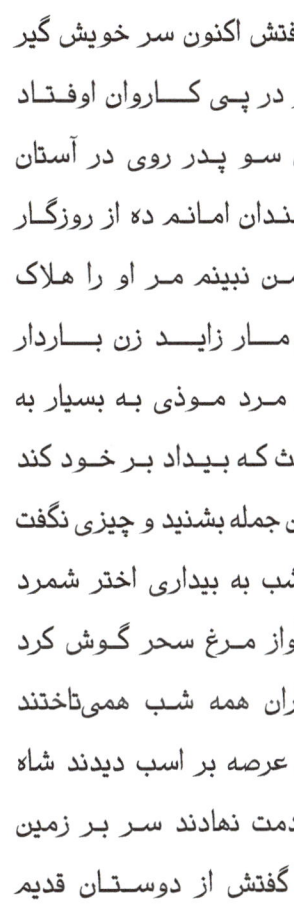

پدر گفتش اکنون سر خویش گیر / هر آن ره که می‌بایدت پیش گیر
پسر در پی کاروان اوفتاد / ز دشنام چندان که دانست داد
وز آن سو پدر روی در آستان / که یارب به سجادهٔ راستان
که چندان امانم ده از روزگار / کز این نحس ظالم برآید دمار
اگر من نبینم مر او را هلاک / شب گور چشمم نخسبد به خاک
اگر مار زاید زن باردار / به از آدمی‌زادهٔ دیوسار
زن از مرد موذی به بسیار به / سگ از مردم مردم‌آزار به
مخنّث که بیداد بر خود کند / از آن به که با دیگری بد کند
شه این جمله بشنید و چیزی نگفت / ببست اسب و سر بر نمدزین بخفت
همه شب به بیداری اختر شمرد / ز سودا و اندیشه خوابش نبرد
چو آواز مرغ سحر گوش کرد / پریشانی شب فراموش کرد
سواران همه شب همی‌تاختند / سحرگه پی اسب بشناختند
بر آن عرصه بر اسب دیدند شاه / پیاده دویدند یکسر سپاه
به خدمت نهادند سر بر زمین / چو دریا شد از موج لشکر، زمین
یکی گفتش از دوستان قدیم / که شب حاجبش بود و روزش ندیم

رعیت چه نزلت نهادند دوش؟ / که ما را نه چشم آرمید و نه گوش
شهنشه نیارست کردن حدیث / که بر وی چه آمد ز خبث خبیث
هم آهسته سر برد پیش سرش / فروگفت پنهان به گوش اندرش
کسم پای مرغی نیاورد پیش / ولی دست خر رفت از اندازه بیش
بزرگان نشستند و خوان خواستند / بخوردند و مجلس بیاراستند
چو شور و طرب در نهاد آمدش / ز دهقان دوشینه یاد آمدش
بفرمود و جستند و بستند سخت / به خواری فکندند در پای تخت
سیه‌دل برآهخت شمشیر تیز / ندانست بیچاره راه گریز
سر ناامیدی برآورد و گفت / نشاید شب گور در خانه خفت
نه تنها منت گفتم ای شهریار / که برگشته‌بختی و بدروزگار
چرا خشم بر من گرفتی و بس؟ / منت پیش گفتم، همه خلق پس
چو بیداد کردی توقع مدار / که نامت به نیکی رود در دیار
ور ایدون که دشوارت آمد سخن / دگر هرچه دشوارت آید مکن
تو را چاره از ظلم برگشتن است / نه بیچارهٔ بی‌گنه کشتن است
مرا پنج روز دگر مانده گیر / دو روز دگر عیش خوش رانده گیر

نماند ستمکار بد روزگار بماند بر او لعنت پایدار
تو را نیک پند است اگر بشنوی وگر نشنوی خود پشیمان شوی
بدان کی ستوده شود پادشاه که خلقش ستایند در بارگاه؟
چه سود آفرین بر سر انجمن پس چرخه نفرین‌کنان پیرزن؟
همی گفت و شمشیر بالای سر سپر کرده جان پیش تیر قدر
نبینی که چون کارد بر سر بود قلم را زبانش روان‌تر بود
شه از مستی غفلت آمد به هوش به گوشش فروگفت فرخ سروش
کز این پیر، دست عقوبت بدار یکی کشته گیر از هزاران هزار
زمانی سر اندر گریبان بماند پس آنگه به عفو آستین برفشاند
به دستان خود بند از او برگرفت سرش را ببوسید و در بر گرفت
بزرگیش بخشید و فرماندهی ز شاخ امیدش برآمد بهی
به گیتی حکایت شد این داستان رود نیک‌بخت از پی راستان
بیاموزی از عاقلان حسن خوی نه چندان که از غافل عیب‌جوی
ز دشمن شنو سیرت خود که دوست هر آنچ از تو آید به چشمش نکوست
وبال است دادن به رنجور قند که داروی تلخش بود سودمند

تُــرُش‌روی بـهـتـر کـنـد سـرزنـش — که یـاران خوش‌طبع شیرین‌منش
از ایـن بـه نصیحت نگوید کست — اگــر عـاقـلـی یـک اشـــارت بست

حکایت

چو دور خلافت به مأمون رسید — یـکـی مـاه‌پـیـکـر کـنـیـزک خـریـد
بـه چـهـر آفـتـابـی، بـه تـن گلبنی — بـه عـقـل خـردمـنـد بـازی کـنی
بـه خـون عـزیـزان فـروبـرده چنگ — سـرانـگـشـت‌هـا کـرده عـنـاب‌رنـگ
بـر ابـروی عـابدفـریـبش خضاب — چـو قـوس قـزح بـود بـر آفـتـاب
شـب خـلـوت آن لـعـبـت حـورزاد — مگر تـن در آغـوش مـأمـون نـداد
گـرفـت آتـش خشم در وی عظیم — سرش خواست کردن چو جوزا دو نیم
بگفتا سـر ایـنـک بـه شمشیر تیز — بینداز و بـا مـن مکن خفت‌وخیز
بگفت از چه بـر دل گزند آمـدت؟ — چه خصلت ز مـن ناپسند آمـدت؟
بگفت ار کشی ور شکافی سرم — ز بـوی دهـانـت بـه رنـج انـدرم
کـشـد تـیـر پـیـکـار و تـیـغ ستم — بـه یـک بـار و بـوی دهـن دمبـه‌دم
شنید این سخن سـرور نیک‌بخت — بـرآشـفـت تـنـد و بـرنـجـیـد سخت
همه شب در این فکر بود و نخفت — دگـر روز بـا هـوشـمـنـدان بگفت

طبیعت‌شناسان هر کشوری / سخن گفت با هر یک از هر دری
دلش گرچه در حال از او رنجه شد / دوا کرد و خوش‌بوی چون غنچه شد
پری‌چهره را همنشین کرد و دوست / که این عیب من گفت، یار من اوست
به نزد من آن کس نکوخواه توست / که گوید فلان خار در راه توست
به گمراه گفتن نکو می‌روی / جفایی تمام است و جوری قوی
هر آن گه که عیبت نگویند پیش / هنر دانی از جاهلی عیب خویش
مگو شهد شیرین شکر فایق است / کسی را که سقمونیا لایق است
چه خوش گفت یک روز داروفروش: / شفا بایدت داروی تلخ نوش
اگر شربتی بایدت سودمند / ز سعدی ستان، تلخ داروی پند
به پرویزن معرفت بیخته / به شهد ظرافت برآمیخته

حکایت

شنیدم که از نیک‌مردی فقیر / دل‌آزرده شد پادشاهی کبیر
مگر بر زبانش حقی رفته بود / ز گردن‌کشی بر وی آشفته بود
به زندان فرستادش از بارگاه / که زورآزمای است بازوی جاه

ز یاران کسی گفتش اندر نهفت	مصالح نبود این سخن گفت، گفت
رسانیدن امر حق طاعت است	ز زندان نترسم که یک ساعت است
همان دم که در خفیه این راز رفت	حکایت به گوش ملک بازرفت
بخندید کاو ظن بیهوده برد	نداند که خواهد در این حبس مرد
غلامی به درویش برد این پیام	بگفتا به خسرو بگو ای غلام
مرا بار غم بر دل ریش نیست	که دنیا همین ساعتی بیش نیست
نه گر دستگیری کنی خرمم	نه گر سر بری بر دل آید غمم
تو گر کامرانی به فرمان و گنج	دگر کس فرومانده در ضعف و رنج
به دروازهٔ مرگ چون درشویم	به یک هفته با هم برابر شویم
منه دل بر این دولت پنج روز	به دود دل خلق، خود را مسوز
نه پیش از تو بیش از تو اندوختند	به بیداد کردن جهان سوختند؟
چنان زی که ذکرت به تحسین کنند	چو مردی، نه بر گور نفرین کنند
نباید به رسم بد آیین نهاد	که گویند لعنت بر آن، کاین نهاد
وگر بر سرآید خداوند زور	نه زیرش کند عاقبت خاک گور؟
بفرمود دلتنگروی از جفا	که بیرون کنندش زبان از قفا

چنین گفت مرد حقایق‌شناس
کز این هم که گفتی ندارم هراس

من از بی‌زبانی ندارم غمی
که دانم که ناگفته داند همی

اگر بینوایی برم ور ستم
گرم عاقبت خیر باشد چه غم؟

عروسی بود نوبت ماتمت
گرت نیک‌روزی بود خاتمت

حکایت

یکی مشت‌زن بخت و روزی نداشت
نه اسباب شامش مهیّا، نه چاشت

ز جور شکم گل کشیدی به پشت
که روزی محال است خوردن به مشت

مدام از پریشانی روزگار
دلش حسرت آورد و تن سوگوار

گه‌اش جنگ با عالم خیره‌کش
گه از بخت شوریده، رویش تُرُش

گه از دیدن عیش شیرین خلق
فرومی‌شدی آب تلخش به حلق

گه از کار آشفته بگریستی
که کس دید از این تلخ‌تر زیستی؟

کسان شهد نوشند و مرغ و بره
مرا روی نان می‌نبیند تره

گر انصاف پرسی نه نیکوست این
برهنه من و گربه را پوستین

چه بودی که پایم در این کار گل
!به گنجی فرورفتی از کام دل

مگر روزگاری هوس راندمی
ز خود گرد محنت بیفشاندمی
شنیدم که روزی زمین می‌شکافت
عظام زنخدان پوسیده یافت
به خاک اندرش عقد بگسیخته
گهرهای دندان فروریخته
دهان بی زبان پند می‌گفت و راز
که ای خواجه با بینوایی بساز
نه این است حال دهن زیر گل
شکر خورده انگار یا خون دل
غم از گردش روزگاران مدار
که بی ما بگردد بسی روزگار
همان لحظه کاین خاطرش روی داد
غم از خاطرش رخت یک سو نهاد
که ای نفس بی رای و تدبیر و هش
بکش بار تیمار و خود را مکش
اگر بنده‌ای بار بر سر برد
وگر سر به اوج فلک بر برد
در آن دم که حالش دگرگون شود
به مرگ از سرش هر دو بیرون شود
غم و شادمانی نماند ولیک
جزای عمل ماند و نام نیک
کرم پای دارد، نه دیهیم و تخت
بده کز تو این ماند ای نیک‌بخت
مکن تکیه بر ملک و جاه و حشم
که پیش از تو بوده است و بعد از تو هم
خداوند دولت غم دین خورد
که دنیا به هر حال می‌بگذرد
نخواهی که ملکت برآید بهم
غم ملک و دین هر دو باید بهم

زرافشان، چو دنیا بخواهی گذاشت | که سعدی دُر افشاند اگر زر نداشت

حکایت

حکایت کنند از جفاگستری | که فرماندهی داشت بر کشوری
در ایام او روز مردم چو شام | شب از بیم او خواب مردم حرام
همه روز نیکان از او در بلا | به شب دست پاکان از او بر دعا
گروهی بر شیخ آن روزگار | ز دست ستمگر گرستند زار
که ای پیر دانای فرخنده‌رای | بگوی این جوان را بترس از خدای
بگفتا دریغ آیدم نام دوست | که هر کس نه در خورد پیغام اوست
کسی را که بینی ز حق بر کران | منه با وی، ای خواجه، حق در میان
دریغ است با سفله گفت از علوم | که ضایع شود تخم در شوره‌بوم
چو در وی نگیرد عدو داندت | برنجد به جان و برنجاندت
تو را عادت، ای پادشه، حق‌روی است | دل مرد حق‌گوی از اینجا قوی است
نگین خصلتی دارد ای نیک‌بخت | که در موم گیرد، نه در سنگ سخت
عجب نیست گر ظالم از من به جان | برنجد که دزد است و من پاسبان

تو هم پاسبانی به انصاف و داد	که حفظ خدا پاسبان تو باد
تو را نیست منت ز روی قیاس	خداوند را منّ و فضل و سپاس
که در کار خیرت به خدمت بداشت	نه چون دیگرانت معطل گذاشت
همه کس به میدان کوشش درند	ولی گوی بخشش نه هر کس برند
تو حاصل نکردی به کوشش بهشت	خدا در تو خوی بهشتی بهشت
دلت روشن و وقت مجموع باد	قدم ثابت و پایه مرفوع باد
حیاتت خوش و رفتنت بر صواب	عبادت قبول و دعا مستجاب

***

همی تا برآید به تدبیر کار	مدارای دشمن به از کارزار
چو نتوان عدو را به قوت شکست	به نعمت بباید در فتنه بست
گر اندیشه باشد ز خصمت گزند	به تعویذ احسان زبانش ببند
عدو را به جای خسک زر بریز	که احسان کند کند، دندان تیز
چو دستی نشاید گزیدن، ببوس	که با غالبان چاره زرق است و لوس
به تدبیر رستم در آید به بند	که اسفندیارش نجست از کمند
عدو را به فرصت توان کند پوست	پس او را مدارا چنان کن که دوست

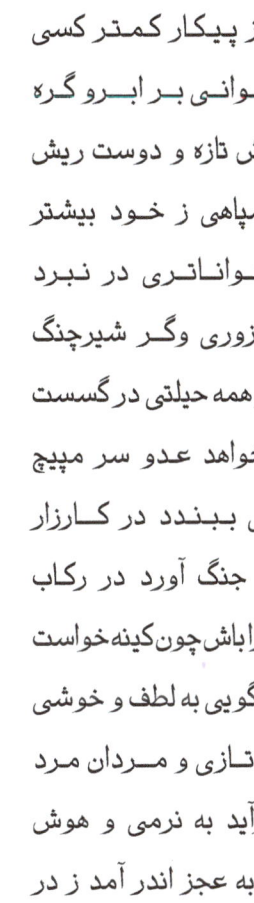

حذر کن ز پیکار کمتر کسی	که از قطره سیلاب دیدم بسی
مزن تا توانی بر ابرو گره	که دشمن اگرچه زبون، دوست به
بود دشمنش تازه و دوست ریش	کسی کش بود دشمن از دوست بیش
مزن با سپاهی ز خود بیشتر	که نتوان زد انگشت بر نیشتر
وگر زو تواناتری در نبرد	نه مردی است بر ناتوان زور کرد
اگر پیل‌زوری وگر شیرچنگ	به نزدیک من صلح بهتر که جنگ
چو دست از همه حیلتی درگسست	حلال است بردن به شمشیر دست
اگر صلح خواهد عدو سر مپیچ	وگر جنگ جوید عنان بر مپیچ
که گر وی ببندد در کارزار	تو را قدر و هیبت شود یک، هزار
ور او پای جنگ آورد در رکاب	نخواهد به حشر از تو داور حساب
تو هم جنگ را باش چون کینه خواست	که با کینه‌ور مهربانی خطاست
چو با سفله گویی به لطف و خوشی	فزون گرددش کبر و گردن‌کشی
به اسبان تازی و مردان مرد	بر آر از نهاد بداندیش گرد
و گر می‌برآید به نرمی و هوش	به تندی و خشم و درشتی مکوش
چو دشمن به عجز اندر آمد ز در	نباید که پرخاش جویی دگر

چو زنهار خواهد کرم پیشه کن	ببخشای و از مکرش اندیشه کن
ز تدبیر پیر کهن بر مگرد	که کارآزموده بود سالخورد
در آرند بنیاد رویین ز پای	جوانان به نیروی و پیران به رای

***

بیندیش در قلب هیجا مفر	چه دانی که زان که باشد ظفر؟
چو بینی که لشکر ز هم دست داد	به تنها مده جان شیرین به باد
اگر بر کناری به رفتن بکوش	وگر در میان لبس دشمن بپوش
وگر خود هزاری و دشمن دویست	چو شب شد در اقلیم دشمن مایست
شب تیره پنجه سوار از کمین	چو پانصد به هیبت بدرّد زمین
چو خواهی بریدن به شب راه‌ها	حذر کن نخست از کمینگاه‌ها
میان دو لشکر چو یک روز راه	بماند، بزن خیمه بر جایگاه
گر او پیش‌دستی کند غم مدار	ور افراسیاب است مغزش بر آر
ندانی که لشکر چو یک روزه راند	سر پنجهٔ زورمندش نماند
تو آسوده بر لشکر مانده زن	که نادان ستم کرد بر خویشتن
چو دشمن شکستی بیفکن علم	که بازش نیاید جراحت به هم

بسی در قفای هزیمت مران / نباید که دور افتی از یاوران
هوا بینی از گرد هیجا چو میغ / بگیرند گردت به زوبین و تیغ
به دنبال غارت نراند سپاه / که خالی بماند پس پشت شاه
سپه را نگهبانی شهریار / به از جنگ در حلقهٔ کارزار

***

دلاور که باری تهور نمود / بباید به مقدارش اندر فزود
که بار دگر دل نهد بر هلاک / ندارد ز پیکار یأجوج باک
سپاهی در آسودگی خوش بدار / که در حالت سختی آید به کار
سپاهی که کارش نباشد به برگ / چرا دل نهد روز هیجا به مرگ؟
کنون دست مردان جنگی ببوس / نه آنگه که دشمن فروکوفت کوس
نواحی ملک از کف بدسگال / به لشکر نگه دار و لشکر به مال
ملک را بود بر عدو دست، چیر / چو لشکر دل‌آسوده باشند و سیر
بهای سر خویشتن می‌خورد / نه انصاف باشد که سختی برد
چو دارند گنج از سپاهی دریغ / دریغ آیدش دست بردن به تیغ
چه مردی کند در صف کارزار / که دستش تهی باشد و کار، زار

***

به پیکار دشمن دلیران فرست — هژبران به ناورد شیران فرست
به رای جهان‌دیدگان کار کن — که صید آزموده‌ست گرگ کهن
مترس از جوانان شمشیرزن — حذر کن ز پیران بسیار فن
جوانان پیل‌افکن شیرگیر — ندانند دستان روباه پیر
خردمند باشد جهان‌دیده مرد — که بسیار گرم آزموده است و سرد
جوانان شایستهٔ بختور — ز گفتار پیران نپیچند سر
گرت مملکت باید آراسته — مده کار مُعظَم به نوخاسته
سپه را مکن پیشرو جز کسی — که در جنگ‌ها بوده باشد بسی
به خردان مفرمای کار درشت — که سندان نشاید شکستن به مشت
رعیت‌نوازی و سرلشکری — نه کاری است بازیچه و سرسری
نخواهی که ضایع شود روزگار — به ناکاردیده مفرمای کار
نتابد سگ صید روی از پلنگ — ز روبه رمد شیر نادیده جنگ
چو پرورده باشد پسر در شکار — نترسد چو پیش آیدش کارزار
به کشتی و نخجیر و آماج و گوی — دلاور شود مرد پرخاش‌جوی

به گرمابه پرورده و عیش و ناز		برنجد چو بیند در جنگ باز
دو مردش نشانند بر پشت زین		بود کش زند کودکی بر زمین

***

یکی را که دیدی تو در جنگ پشت		بکش گر عدو در مصافش نکشت
مخنث به از مرد شمشیرزن		که روز وغا سر بتابد چو زن
چه‌خوش‌گفت‌گرگین‌به‌فرزند خویش		چو قربان پیکار بربست و کیش
اگر چون زنان جست خواهی گریز		مرو، آب مردان جنگی مریز
سواری که در جنگ بنمود پشت		نه خود را که نام‌آوران را بکشت
شجاعت نیاید مگر زآن دو یار		که افتند در حلقهٔ کارزار
دو همجنس همسفرهٔ همزبان		بکوشند در قلب هیجا به جان
که ننگ آیدش رفتن از پیش تیر		برادر به چنگال دشمن اسیر
چو بینی که یاران نباشند یار		هزیمت ز میدان غنیمت شمار

***

دو تن، پرور ای شاه کشورگشای		یکی اهل رزم و دگر اهل رای
ز نام‌آوران گوی دولت برند		که دانا و شمشیرزن پرورند

هر آن کاو قلم را نورزید و تیغ / بر او گر بمیرد، مگو ای دریغ
قلمزن نکودار و شمشیرزن / نه مطرب که مردی نیاید ز زن
نه مردی است دشمن در اسباب جنگ / تو مدهوش ساقی و آواز چنگ
بسا اهل دولت به بازی نشست / که دولت برفتش به بازی ز دست

***

نگویم ز جنگ بداندیش ترس / در آوازهٔ صلح از او بیش ترس
بسا کس به روز آیت صلح خواند / چو شب شد سپه بر سر خفته راند
زره‌پوش خسبند مردِ اوژنان / که بستر بود خوابگاه زنان
به خیمه درون مرد شمشیرزن / برهنه نخسبد چو در خانه زن
بباید نهان جنگ را ساختن / که دشمن نهان آورد تاختن
حذر کار مردان کار آگه است / یزک، سد رویین لشکرگه است

***

میان دو بدخواه کوتاه‌دست / نه فرزانگی باشد ایمن نشست
که گر هر دو با هم سگالند راز / شود دست کوتاه ایشان دراز
یکی را به نیرنگ مشغول دار / دگر را برآور ز هستی دمار

اگـر دشمنی پیش گیـرد ستیز　　به شمشیر تدبیر خونش بریز
بـرو دوسـتـی گیـر بـا دشمنش　　که زنـدان شـود پیرهن بـر تنش
چو در لشکر دشمن افتد خلاف　　تو بگذار شمشیر خود در غلاف
چو گرگان پسندند بر هم گزند　　بـرآسـایـد انـدر مـیـان گوسفند
چو دشمن به دشمن بود مشتغل　　تو با دوسـت بنشین به آرام دل

***

چـو شمشیر پیکار برداشـتـی　　نـگـه دار پـنـهـان ره آشـتـی
کـه لشکرشکوفان مغفرشکاف　　نهان صلح جستند و پیدا مصاف
دل مـرد مـیـدان، نهانی بجوی　　که باشد که در پایت افتد چو گوی
چو سالاری از دشمن افتد به چنگ　　به کشتن درش کـرد باید درنگ
که افتد کز این نیمه هم سروری　　بـمـانـد گـرفـتـار در چـنـبـری
اگـر کُشتی ایـن بـنـدی ریـش را　　نبینی دگـر بـنـدی خـویـش را
نترسد کـه دورانـش بـنـدی کند　　کـه بـر بـنـدیـان زورمـنـدی کند؟
کسی بـنـدیـان را بـود دستگیر　　که خود بوده باشد به بندی اسیر
اگـر سـر نهد بـر خطت سـروری　　چـو نیکش بـداری، نهد دیگری

اگر خفیه دَه دل به دست آوری		از آن به که صد رَه شبیخون بری

***

گرت خویش دشمن شود دوستدار		ز تلبیسش ایمن مشو زینهار
که گردد درونش به کین تو ریش		چو یاد آیدش مهر پیوند خویش
بداندیش را لفظ شیرین مبین		که ممکن بود زهر در انگبین
کسی جان از آسیب دشمن ببرد		که مر دوستان را به دشمن شمرد
نگه دارد آن شوخ در کیسه در		که بیند همه خلق را کیسه بر

***

سپاهی که عاصی شود در امیر		ورا تا توانی به خدمت مگیر
ندانست سالار خود را سپاس		تو را هم ندارد، ز غدرش هراس
به سوگند و عهد استوارش مدار		نگهبان پنهان بر او بر گمار
نوآموز را ریسمان کن دراز		نه بگسل که دیگر نبینیش باز

***

چو اقلیم دشمن به جنگ و حصار		گرفتی، به زندانیانش سپار
که بندی چو دندان به خون در برد		ز حلقوم بیدادگر خون خورد

***

چو بر کندی از دست دشمن دیار   رعیت به سامان‌تر از وی بدار
که گر بازکوبد در کارزار   برآرند عام از دماغش دمار
وگر شهریان را رسانی گزند   در شهر بر روی دشمن مبند
مگو دشمن تیغ‌زن بر در است   که انباز دشمن به شهر اندر است

***

به تدبیر جنگ بداندیش کوش   مصالح بیندیش و نیت بپوش
منه در میان راز با هر کسی   که جاسوس همکاسه دیدم بسی
سکندر که با شرقیان حرب داشت   در خیمه گویند در غرب داشت
چو بهمن به زاولستان خواست شد   چپ آوازه افکند و از راست شد
اگر جز تو داند که عزم تو چیست   بر آن رای و دانش بباید گریست
کرم کن، نه پرخاش و کین‌آوری   که عالم به زیر نگین آوری
چو کاری برآید به لطف و خوشی   چه حاجت به تندی و گردن‌کشی؟
نخواهی که باشد دلت دردمند   دل دردمندان برآور ز بند
به بازو توانا نباشد سپاه   برو همت از ناتوانان بخواه

دعـــای ضـعـیـفـان امـیـدوار
ز بـــازوی مـــردی بـه آیـد بـه کـار
هر آن که استعانت به درویش برد
اگـر بـر فـریـدون زد از پیش برد

باب دوم

در احسان

اگـر هـوشـمـنـدی بـه معنی گـرای
که معنی بماند ز صـورت به جای
که را دانـش و جـود و تقوی نبود
به صـورت درش هیچ معنی نبود
کسی خسبد آسـوده در زیـر گل
که خسبند از او مـردم آسـوده‌دل
غم خویش در زندگی خور که خویش
به مرده نپردازد از حرص خویش
نـخـواهـی کـه بـاشـی پـراکـنـده‌دل
پـراکـنـدگـان را ز خـاطـر مهل
پریشان کن امـروز گنجینه چست
که فردا کلیدش نه در دست تست
تـو بـا خـود ببر تـوشـه خویشتن
کـه شفقت نـیـایـد ز فـرزنـد و زن
کـسـی گـوی دولـت ز دنـیـا بـرد
کـه بـا خـود نصیبی بـه عقبی برد
به غمخوارگی چون سرانگشت من
نخارد کس انـدر جهان پشت من
مکن، بر کف دست نه هر چه هست
که فردا به دندان بری پشت دست
بـه پوشیدن ستر درویـش کوش
کـه ستر خـدایـت بـود پـرده پـوش

مگردان غریب از درت بی‌نصیب /// مبادا که گردی به درها غریب
بزرگی رساند به محتاج خیر /// که ترسد که محتاج گردد به غیر
به حال دل خستگان در نگر /// که روزی تو دلخسته باشی مگر
درون فروماندگان شاد کن /// ز روز فروماندگی یاد کن
نه خواهنده‌ای بر در دیگران؟ /// به شکرانه خواهنده از در مران

***

پدرمرده را سایه بر سر فکن /// غبارش بیفشان و خارش بکن
ندانی چه بودش فرومانده سخت؟ /// بود تازه بی‌بیخ هرگز درخت؟
چو بینی یتیمی سر افکنده پیش /// مده بوسه بر روی فرزند خویش
یتیم ار بگرید که نازش خرد؟ /// وگر خشم گیرد که بارش برد؟
الا تا نگرید که عرش عظیم /// بلرزد همی چون بگرید یتیم
به رحمت بکن آبش از دیده پاک /// به شفقت بیفشانش از چهره خاک
اگر سایهٔ خود برفت از سرش /// تو در سایهٔ خویشتن پرورش
من آنگه سر تاجور داشتم /// که سر بر کنار پدر داشتم
اگر بر وجودم نشستی مگس /// پریشان شدی خاطر چند کس

کنون دشمنان گر برندم اسیر	نباشد کس از دوستانم نصیر
مرا باشد از درد طفلان خبر	که در طفلی از سر برفتم پدر
یکی خار پای یتیمی بکند	به خواب اندرش دید صدر خجند
همی‌گفت و در روضه‌ها می‌چمید	کز آن خار بر من چه گل‌ها دمید

***

مشو تا توانی ز رحمت بری	که رحمت برندت چو رحمت بری
چو انعام کردی مشو خودپرست	که من سرورم دیگران زیردست
اگر تیغ دورانش انداخته است	نه شمشیر دوران هنوز آخته است؟
چو بینی دعاگوی دولت هزار	خداوند را شکر نعمت گزار
که چشم از تو دارند مردم بسی	نه تو چشم داری به دست کسی
کرم» خوانده‌ام سیرت سروران»	غلط گفتم، اخلاق پیغمبران

حکایت

شنیدم که یک هفته ابن‌السبیل	نیامد به مهمان‌سرای خلیل
ز فرخنده‌خویی نخوردی به گاه	مگر بینوایی درآید ز راه

برون رفت و هر جانبی بنگرید / بر اطراف وادی نگه کرد و دید
به تنها یکی در بیابان چو بید / سر و مویش از گرد پیری سپید
به دلداری‌اش مرحبایی بگفت / به رسم کریمان صلایی بگفت
که ای چشم‌های مرا مردمک / یکی مردمی کن به نان و نمک
نعم گفت و برجست و برداشت گام / که دانست خلقش، علیه‌السلام
رقیبان مهمان‌سرای خلیل / به عزت نشاندند پیر ذلیل
بفرمود و ترتیب کردند خوان / نشستند بر هر طرف همگنان
چو بسم الله آغاز کردند جمع / نیامد ز پیرش حدیثی به سمع
چنین گفتش: ای پیر دیرینه‌روز / چو پیران نمی‌بینمت صدق و سوز
نه شرط است وقتی که روزی خوری / که نام خداوند روزی بری؟
بگفتا نگیرم طریقی به دست / که نشنیدم از پیر آذرپرست
بدانست پیغمبر نیک‌فال / که گبر است پیر تبه بوده حال
به خواری براندش چو بیگانه دید / که منکر بود پیش پاکان پلید
سروش آمد از کردگار جلیل / به هیبت ملامت‌کنان کای خلیل
منش داده صد سال روزی و جان / تو را نفرت آمد از او یک زمان

گر او می‌برد پیش آتش سجود   تو وا پس چرا می‌بری دست جود؟

***

گره بر سر بند احسان مزن   که این زرق و شید است و آن مکر و فن
زیان می‌کند مرد تفسیردان   که علم و ادب می‌فروشد به نان
کجا عقل یا شرع فتوی دهد   که اهل خرد دین به دنیا دهد؟
ولیکن تو بستان که صاحب خرد   از ارزان‌فروشان به رغبت خرد

حکایت

زبان‌دانی آمد به صاحب‌دلی   که محکم فرومانده‌ام در گلی
یکی سفله را ده درم بر من است   که دانگی از او بر دلم ده من است
همه شب پریشان از او حال من   همه روز چون سایه دنبال من
بکرد از سخن‌های خاطرپریش   درون دلم چون در خانه ریش
خدایش مگر تا ز مادر بزاد   جز این ده درم چیز دیگر نداد
ندانسته از دفتر دین الف   نخوانده به جز باب لاینصرف
خور از کوه یک روز سر بر نزد   که آن قلتبان حلقه بر در نزد

در اندیشه‌ام تا کدامم کریم   از آن سنگ‌دل دست گیرد به سیم
شنید این سخن پیر فرخ‌نهاد   دُرُستی دو، در آستینش نهاد
زر افتاد در دست افسانه‌گوی   برون رفت از آنجا چو زر تازه‌روی
یکی گفت: شیخ! این ندانی که کیست؟   بر او گر بمیرد نباید گریست
گدایی که بر شیر نر زین نهد   ابوزید را اسب و فرزین نهد
برآشفت عابد که خاموش باش   تو مرد زبان نیستی، گوش باش
اگر راست بود آنچه پنداشتم   ز خلق آبرویش نگه داشتم
وگر شوخ‌چشمی و سالوس کرد   الا تا نپنداری افسوس کرد
که خود را نگه داشتم آبروی   ز دست چنان گربزی یاوه‌گوی
بد و نیک را بذل کن سیم و زر   که این کسب خیر است و آن دفع شر
خنک آن که در صحبت عاقلان   بیاموزد اخلاق صاحب‌دلان
گرت عقل و رای است و تدبیر و هوش   به عزت کنی پند سعدی به گوش
که اغلب در این شیوه دارد مقال   نه در چشم و زلف و بناگوش و خال

حکایت

یکی رفت و دینار از او صدهزار   خلف برد صاحب‌دلی هوشیار

نه چون ممسکان دست بر زر گرفت
چو آزادگان دست از او برگرفت

ز درویش خالی نبودی درش
مسافر به مهمان‌سرای اندرش

دل خویش و بیگانه خرسند کرد
نه همچون پدر سیم و زر بند کرد

ملامت کنی گفتش: ای باددست
به یک ره پریشان مکن هرچه هست

به سالی توان خرمن اندوختن
به یکدم نه مردی بود سوختن

چو در تنگ‌دستی نداری شکیب
نگه دار وقت فراخی حسیب

به دختر چه خوش گفت بانوی ده
که روز نوا برگ سختی بنه

همه وقت بر دار مشک و سبوی
که پیوسته در ده روان نیست جوی

به دنیا توان آخرت یافتن
به زر پنجه شیر برتافتن

به یک بار بر دوستان زر مپاش
وز آسیب دشمن به اندیشه باش

اگر تنگ‌دستی مرو پیش یار
وگر سیم داری بیا و بیار

اگر روی بر خاک پایش نهی
جوابت نگوید به دست تهی

خداوند زر برکند چشم دیو
به دام آورد صخر جنی به ریو

تهی دست در خوبرویان مپیچ
که بی سیم مردم نیرزند هیچ

به دست تهی برنیاید امید
به زر برکنی چشم دیو سپید

وگر هرچه یابی به کف بر نهی کفت وقت حاجت بماند تهی
گدایان به سعی تو هرگز قوی نگردند، ترسم تو لاغر شوی
چو منّاع خیر این حکایت بگفت ز غیرت جوانمرد را رگ نخفت
پراکنده‌دل گشت از آن عیبجوی برآشفت و گفت ای پراکنده‌گوی
مرا دستگاهی که پیرامن است پدر گفت میراث جد من است
نه ایشان به خست نگه داشتند به حسرت بمردند و بگذاشتند؟
به دستم نیفتاد مال پدر که بعد از من افتد به دست پسر
همان به که امروز مردم خورند که فردا پس از من به یغما برند
خور و پوش و بخشای و راحت رسان نگه می چه داری ز بهر کسان؟
برند از جهان با خود اصحاب رای فرومایه ماند به حسرت بجای
زر و نعمت اکنون بده کان توست که بعد از تو بیرون ز فرمان توست
به دنیا توانی که عقبی خری بخر، جان من، ور نه حسرت بری

حکایت

بزارید وقتی زنی پیش شوی که دیگر مخر نان ز بقال کوی
به بازار گندم‌فروشان گرای که این جوفروشی‌ست گندم‌نمای

نه از مشتری کز زحام مگس   به یک هفته رویش ندیده است کس
به دلداری آن مرد صاحب‌نیاز   به زن گفت کای روشنایی، بساز
به امید ما کلبه اینجا گرفت   نه مردی بود نفع از او وا گرفت
ره نیک‌مردان آزاده گیر   چو استاده‌ای دست افتاده گیر
ببخشای کآنان که مرد حق‌اند   خریدار دکان بی رونق‌اند
جوانمرد اگر راست خواهی ولیست   کرم، پیشهٔ شاه مردان علیست

حکایت

شنیدم که پیری به راه حجاز   به هر خطوه کردی دو رکعت نماز
چنان گرمرو در طریق خدای   که خار مغیلان نکندی ز پای
به آخر ز وسواس خاطرپریش   پسند آمدش در نظر کار خویش
به تلبیس ابلیس در چاه رفت   که نتوان از این خوبتر راه رفت
گرش رحمت حق نه دریافتی   غرورش سر از جاده برتافتی
یکی هاتف از غیبش آواز داد   که ای نیک‌بخت مبارک‌نهاد
مپندار اگر طاعتی کرده‌ای   که نزلی بدین حضرت آورده‌ای

۱۰۱

| به احسانی آسوده کردن دلی | به از الف رکعت به هر منزلی |

حکایت

به سرهنگ سلطان چنین گفت زن	که خیز ای مبارک در رزق زن
برو تا ز خوانت نصیبی دهند	که فرزندکانت نظر بر رهند
بگفتا بود مطبخ امروز سرد	که سلطان به شب نیت روزه کرد
زن از ناامیدی سر انداخت پیش	همی گفت با خود، دل از فاقه ریش
که سلطان از این روزه گویی چه خواست؟	که افطار او عید طفلان ماست
خورنده که خیرش برآید ز دست	به از صائم‌الدهر دنیاپرست
مُسلَّم کسی را بود روزه‌داشت	که درمانده‌ای را دهد نان چاشت
وگرنه چه لازم که سعیی بری	ز خود بازگیری و هم خود خوری؟

حکایت

یکی را کرم بود و قوّت نبود	کفافش به قدر مروّت نبود
که سفله خداوند هستی مباد	جوانمرد را تنگدستی مباد
کسی را که همت بلند اوفتد	مرادش کم اندر کمند اوفتد

چو سیلاب ریزان که در کوهسار	نگیرد همی بر بلندی قرار
نه در خورد سرمایه کردی کرم	تُنُکمایه بودی از این لاجرم
برش تنگدستی دو حرفی نبشت	که ای خوبفرجام نیکوسرشت
یکی دست گیرم به چندین دِرَم	که چندی است تا من به زندان دَرَم
به چشم اندرش قدر چیزی نبود	ولیکن به دستش پشیزی نبود
به خصمان بندی فرستاد مرد	که ای نیکنامان آزادمرد
بدارید چندی کف از دامنش	وگر میگریزد ضمان بر منش
وز آنجا به زندانی آمد که خیز	وز این شهر تا پای داری گریز
چو گنجشک در باز دید از قفس	قرارش نماند اندر آن یک نفس
چو باد صبا زآن میان سیر کرد	نه سیری که بادش رسیدی به گرد
گرفتند حالی جوانمرد را	که حاصل کن این سیم یا مرد را
به بیچارگی راه زندان گرفت	که مرغ از قفس رفته نتوان گرفت
شنیدم که در حبس چندی بماند	نه شکوت نوشت و نه فریاد خواند
زمانها نیاسود و شبها نخفت	بر او پارسایی گذر کرد و گفت:
نپندارمت مال مردم خوری	چه پیش آمدت تا به زندان دری؟

بگفت ای جلیس مبارک‌نفس
نخوردم به حیلت‌گری مال کس

یکی ناتوان دیدم از بند ریش
خلاصش ندیدم به جز بند خویش

ندیدم به نزدیک رایم پسند
من آسوده و دیگری پایبند

بمرد آخر و نیک‌نامی ببرد
زهی زندگانی که نامش نمرد

تنی زنده‌دل، خفته در زیر گل
به از عالمی زندهٔ مرده دل

دل زنده هرگز نگردد هلاک
تن زنده‌دل گر بمیرد چه باک؟

حکایت

یکی در بیابان سگی تشنه یافت
برون از رمق در حیاتش نیافت

کُلَه دلو کرد آن پسندیده‌کیش
چو حبل اندر آن بست دستار خویش

به خدمت میان بست و بازو گشاد
سگ ناتوان را دمی آب داد

خبر داد پیغمبر از حال مرد
که داور گناهان از او عفو کرد

الا گر جفاکاری اندیشه کن
وفا پیش گیر و کرم پیشه کن

کسی با سگی نیکویی گم نکرد
کجا گم شود خیر با نیک‌مرد؟

کرم کن چنان که‌ات برآید ز دست
جهانبان در خیر بر کس نبست

به قنطار زر بخش کردن ز گنج
نباشد چو قیراطی از دسترنج

برد هر کسی بار در خورد زور	گران است پای ملخ پیش مور

***

تو با خلق سهلی کن ای نیکبخت	که فردا نگیرد خدا با تو سخت
گر از پا درآید، نماند اسیر	که افتادگان را بود دستگیر
به آزار فرمان مده بر رهی	که باشد که افتد به فرماندهی
چو تمکین و جاهت بود بر دوام	مکن زور بر ضعف درویش عام
که افتد که با جاه و تمکین شود	چو بیدق که ناگاه فرزین شود
نصیحت شنو مردم دوربین	نپاشند در هیچ دل تخم کین
خداوند خرمن زیان میکند	که بر خوشهچین سر گران میکند
نترسد که نعمت به مسکین دهند	وزآن بار غم بر دل این نهند؟
بسا زورمندا که افتاد سخت	بس افتاده را یاوری کرد بخت
دل زیردستان نباید شکست	مبادا که روزی شوی زیردست

حکایت

بنالید درویشی از ضعف حال	بر تندرویی خداوند مال

نه دینار دادش سیه دل نه دانگ	بر او زد به سر باری از طیره بانگ
دل سائل از جور او خون گرفت	سر از غم برآورد و گفت ای شگفت
توانگر ترش‌روی، باری، چراست؟	مگر می‌نترسد ز تلخی خواست؟
بفرمود کوته‌نظر تا غلام	براندش به خواری و زجر تمام
به ناکردن شکر پروردگار	شنیدم که برگشت از او روزگار
بزرگیش سر در تباهی نهاد	عطارد قلم در سیاهی نهاد
شقاوت برهنه نشاندش چو سیر	نه بارش رها کرد و نه بارگیر
فشاندش قضا بر سر از فاقه خاک	مشعبدصفت، کیسه و دست پاک
سراپای حالش دگرگونه گشت	بر این ماجرا مدتی برگذشت
غلامش به دست کریمی فتاد	توانگر دل و دست و روشن‌نهاد
به دیدار مسکین آشفته‌حال	چنان شاد بودی که مسکین به مال
شبانگه یکی بر درش لقمه جست	ز سختی کشیدن قدمهاش سست
بفرمود صاحب‌نظر بنده را	که خشنود کن مرد درمنده را
چو نزدیک بردش ز خوان بهره‌ای	برآورد بی‌خویشتن نعره‌ای
شکسته‌دل آمد بر خواجه باز	عیان کرده اشکش به دیباجه راز

بپرسید سالار فرخنده‌خوی … که اشکت ز جور که آمد به روی؟
بگفت اندرونم بشورید سخت … بر احوال این پیر شوریده‌بخت
که مملوک وی بودم اندر قدیم … خداوند املاک و اسباب و سیم
چو کوتاه شد دستش از عز و ناز … کند دست خواهش به درها دراز
بخندید و گفت ای پسر جور نیست … ستم بر کس از گردش دور نیست
نه آن تندروی است بازارگان … که بردی سر از کبر بر آسمان؟
من آنم که آن روزم از در براند … به روز منش دور گیتی نشاند
نگه کرد باز آسمان سوی من … فروشست گرد غم از روی من
خدای ار به حکمت ببندد دری … گشاید به فضل و کرم دیگری
بسا مفلس بینوا سیر شد … بسا کار منعم زبر زیر شد

حکایت

یکی سیرت نیک‌مردان شنو … اگر نیک‌بختی و مردانه رو
که شبلی ز حانوت گندم‌فروش … به ده برد انبان گندم به دوش
نگه کرد و موری در آن غله دید … که سرگشته هر گوشه‌ای می‌دوید

ز رحمت بر او شب نیارست خفت ‌ ‌ ‌ به مأوای خود بازش آورد و گفت
مروت نباشد که این مور ریش ‌ ‌ ‌ پراکنده گردانم از جای خویش
درون پراکندگان جمع دار ‌ ‌ ‌ که جمعیتت باشد از روزگار
چه خوش گفت فردوسی پاکزاد ‌ ‌ ‌ که رحمت بر آن تربت پاک باد
میازار موری که دانه‌کش است» ‌ ‌ ‌ «که جان دارد و جان شیرین خوش است
سیاه اندرون باشد و سنگدل ‌ ‌ ‌ که خواهد که موری شود تنگدل
مزن بر سر ناتوان دست زور ‌ ‌ ‌ که روزی به پایش درافتی چو مور
درون فروماندگان شاد کن ‌ ‌ ‌ ز روز فروماندگی یاد کن
نبخشود بر حال پروانه شمع ‌ ‌ ‌ نگه کن که چون سوخت در پیش جمع
گرفتم ز تو ناتوان تر بسی است ‌ ‌ ‌ تواناتر از تو هم آخر کسی است
ببخش ای پسر کآدمی زاده صید ‌ ‌ ‌ به احسان توان کرد و وحشی به قید
عدو را به الطاف گردن ببند ‌ ‌ ‌ که نتوان بریدن به تیغ این کمند
چو دشمن کرم بیند و لطف و جود ‌ ‌ ‌ نیاید دگر خبث از او در وجود
مکن بد که بد بینی از یار نیک ‌ ‌ ‌ نروید ز تخم بدی بار نیک
چو با دوست دشخوار گیری و تنگ ‌ ‌ ‌ نخواهد که بیند تو را نقش و رنگ

وگر خواجه با دشمنان نیکخوست	بسی برنیاید که گردند دوست

حکایت

به ره بر یکی پیشم آمد جوان	به تک در پی‌اش گوسفندی دوان
بدو گفتم این ریسمان است و بند	که می‌آرد اندر پی‌ات گوسفند
سبک طوق و زنجیر از او باز کرد	چپ و راست پوییدن آغاز کرد
هنوز از پی‌اش تازیان می‌دوید	که جو خورده بود از کف مرد و خوید
چو بازآمد از عیش و شادی به جای	مرا دید و گفت ای خداوند رای
نه این ریسمان می‌برد با منش	که احسان کمندی است در گردنش
به لطفی که دیده‌ست پیل دمان	نیارد همی حمله بر پیلبان
بدان را نوازش کن ای نیکمرد	که سگ پاس دارد چو نان تو خورد
بر آن مرد کند است دندان یوز	که مالد زبان بر پنیرش دو روز

حکایت

یکی روبهی دید بی دست و پای	فروماند در لطف و صنع خدای
که چون زندگانی به سر می‌برد؟	بدین دست و پای از کجا می‌خورد؟

در این بود درویش شوریده‌رنگ / که شیری درآمد شغالی به چنگ
شغال نگون‌بخت را شیر خورد / بماند آنچه روباه از آن سیر خورد
دگر روز باز اتفاق اوفتاد / که روزی‌رسان قوت روزش بداد
یقین، مرد را دیده بیننده کرد / شد و تکیه بر آفریننده کرد
کز این پس به کنجی نشینم چو مور / که روزی نخوردند پیلان به زور
زنخدان فروبرد چندی به جیب / که بخشنده روزی فرستد ز غیب
نه بیگانه تیمار خوردش نه دوست / [مصراع]
چو صبرش نماند از ضعیفی و هوش / ز دیوار محرابش آمد به گوش
برو شیر درنده باش، ای دغل / مینداز خود را چو روباه شل
چنان سعی کن کز تو ماند چو شیر / چه باشی چو روبه به وامانده سیر؟
چو شیر آن که را گردنی فربه است / گر افتد چو روبه، سگ از وی به است
به چنگ آر و با دیگران نوش کن / نه بر فضلهٔ دیگران گوش کن
بخور تا توانی به بازوی خویش / که سعیت بود در ترازوی خویش
چو مردان ببر رنج و راحت رسان / مخنّث خورد دسترنج کسان
بگیر ای جوان دست درویش پیر / نه خود را بیفکن که دستم بگیر

۱۱۰

خدا را بر آن بنده بخشایش است
که خلق از وجودش در آسایش است

کرم ورزد آن سر که مغزی در اوست
که دون‌همتان‌اند بی مغز و پوست

کسی نیک بیند به هر دو سرای
که نیکی رساند به خلق خدای

حکایت

شنیدم که مردی است پاکیزه‌بوم
شناسا و رهرو در اقصای روم

من و چند سیاح صحرانورد
برفتیم قاصد به دیدار مرد

سر و چشم هر یک ببوسید و دست
به تمکین و عزت نشاند و نشست

زرش دیدم و زرع و شاگرد و رخت
ولی بی‌مروت چو بی بر درخت

به لطف و سخن گرمرو مرد بود
ولی دیگدانش عجب سرد بود

همه شب نبودش قرار و هجوع
ز تسبیح و تهلیل و ما را ز جوع

سحرگه میان بست و در باز کرد
همان لطف و پرسیدن آغاز کرد

یکی بُد که شیرین و خوش‌طبع بود
که با ما مسافر در آن رَبع بود

مرا بوسه گفتا به تصحیف ده
که درویش را توشه از بوسه به

به خدمت منه دست بر کفش من
مرا نان ده و کفش بر سر بزن

به ایثار مردان سبق برده‌اند	نه شب‌زنده‌داران دل‌مرده‌اند
همین دیدم از پاسبان تتار	دل مرده و چشم شب‌زنده‌دار
کرامت جوانمردی و نان دهی است	مقالات بیهوده طبل تهی است
قیامت کسی بینی اندر بهشت	که معنی طلب کرد و دعوی بهشت
به معنی توان کرد دعوی درست	دم بی‌قدم تکیه‌گاهی است سست

حکایت

شنیدم در ایام حاتم که بود	به خیل اندرش بادپایی چو دود
صباسرعتی، رعدبانگ ادهمی	که بر برق پیشی گرفتی همی
به تک ژاله می‌ریخت بر کوه و دشت	تو گفتی مگر ابر نیسان گذشت
یکی سیل‌رفتار هامون‌نورد	که باد از پی‌اش بازماندی چو گرد
ز اوصاف حاتم به هر مرز و بوم	بگفتند برخی به سلطان روم
که همتای او در کرم مرد نیست	چو اسبش به جولان و ناورد نیست
بیابان‌نوردی چو کشتی بر آب	که بالای سیرش نپرد عقاب
به دستور دانا چنین گفت شاه	که دعوی خجالت بود بی‌گواه
من از حاتم آن اسب تازی‌نژاد	بخواهم، گر او مکرمت کرد و داد

بدانم که در وی شکوه مهی است // وگر رد کند بانگ طبل تهی است
رسولی هنرمند عالم به طی // روان کرد و ده مرد همراه وی
زمین مرده و ابر گریان بر او // صبا کرده بار دگر جان در او
به منزلگه حاتم آمد فرود // برآسود چون تشنه بر زنده‌رود
سماطی بیفکند و اسبی بکشت // به دامن شکر دادشان زر به مشت
شب آنجا ببودند و روز دگر // بگفت آنچه دانست صاحب‌خبر
همی گفت حاتم پریشان چو مست // به دندان ز حسرت همی‌کند دست
که ای بهره‌ور موبد نیکنام // چرا پیش از اینم نگفتی پیام؟
من آن بادرفتار دل‌دل‌شتاب // ز بهر شما دوش کردم کباب
که دانستم از هول باران و سیل // نشاید شدن در چراگاه خیل
به نوعی دگر روی و راهم نبود // جز او بر در بارگاهم نبود
مروت ندیدم در آیین خویش // که مهمان بخسبد دل از فاقه ریش
مرا نام باید در اقلیم فاش // دگر مرکب نامور گو مباش
کسان را درم داد و تشریف و اسب // طبیعی است اخلاق نیکو، نه کسب
خبر شد به روم از جوانمرد طی // هزار آفرین گفت بر طبع وی

ز حاتم بدین نکته راضی مشو	از این خوب‌تر ماجرایی شنو

حکایت

ندانم که گفت این حکایت به من	که بوده است فرماندهی در یمن
ز نام‌آوران گوی دولت ربود	که در گنج‌بخشی نظیرش نبود
توان گفت او را سحاب کرم	که دستش چو باران فشاندی درم
کسی نام حاتم نبردی برش	که سودا نرفتی از او بر سرش
که چند از مقالات آن بادسنج	که نه ملک دارد، نه فرمان نه گنج
شنیدم که جشنی ملوکانه ساخت	چو چنگ اندر آن بزم خلقی نواخت
در ذکر حاتم کسی باز کرد	دگر کس ثنا گفتن آغاز کرد
حسد مرد را بر سر کینه داشت	یکی را به خون خوردنش برگماشت
که تا هست حاتم در ایام من	نخواهد به نیکی شدن نام من
بلاجوی راه بنی‌طی گرفت	به کشتن جوانمرد را پی گرفت
جوانی به ره پیشباز آمدش	کز او بوی انسی فراز آمدش
نکوروی و دانا و شیرین‌زبان	بر خویش برد آن شبش میهمان
کرم کرد و غم خورد و پوزش نمود	بداندیش را دل به نیکی ربود

نهادش سحر بوسه بر دست و پای
که نزدیک ما چند روزی بپای

بگفتا نیارم شد اینجا مقیم
که در پیش دارم مهمی عظیم

بگفت ار نهی با من اندر میان
چو یاران یک‌دل بکوشم به جان

به من دار گفت، ای جوانمرد، گوش
که دانم جوانمرد را پرده‌پوش

در این بوم حاتم شناسی مگر
که فرخنده‌رای است و نیکوسیر؟

سرش پادشاه یمن خواسته است
ندانم چه کین در میان خاسته است!

گرم ره نمایی بدانجا که اوست
همین چشم دارم ز لطف تو دوست

بخندید برنا که حاتم منم
سر اینک جدا کن به تیغ از تنم

نباید که چون صبح گردد سفید
گزندت رسد یا شوی ناامید

چو حاتم به آزادگی سر نهاد
جوان را برآمد خروش از نهاد

به خاک اندر افتاد و بر پای جست
گهش خاک بوسید و گه پای و دست

بینداخت شمشیر و ترکش نهاد
چو بیچارگان دست بر کش نهاد

که من گر گلی بر وجودت زنم
به نزدیک مردان نه مردم، زنم

دو چشمش ببوسید و در بر گرفت
وز آنجا طریق یمن برگرفت

ملک در میان دو ابروی مرد
بدانست حالی که کاری نکرد

بگفتا بیا تا چه داری خبر چرا سر نبستی به فتراک بر؟
مگر بر تو نام‌آوری حمله کرد نیاوردی از ضعف تاب نبرد؟
جوانمرد شاطر زمین بوسه داد ملک را ثنا گفت و تمکین نهاد
که دریافتم حاتم نامجوی هنرمند و خوش‌منظر و خوبروی
جوانمرد و صاحب‌خرد دیدمش به مردانگی فوق خود دیدمش
مرا بار لطفش دو تا کرد پشت به شمشیر احسان و فضلم بکشت
بگفت آنچه دید از کرم‌های وی شهنشه ثنا گفت بر آل طی
فرستاده را داد مهری درم که مهر است بر نام حاتم کرم
مر او را سزد گر گواهی دهند که معنی و آوازه‌اش همرهند

حکایت

شنیدم که طی در زمان رسول نکردند منشور ایمان قبول
فرستاد لشکر بشیر نذیر گرفتند از ایشان گروهی اسیر
بفرمود کشتن به شمشیر کین که ناپاک بودند و ناپاک دین
زنی گفت من دختر حاتمم بخواهید از این نامور حاکمم
کرم کن به جای من ای محترم که مولای من بود از اهل کرم

به فرمان پیغمبر نیکرای	گشادند زنجیرش از دست و پای
در آن قوم باقی نهادند تیغ	که رانند سیلاب خون بی‌دریغ
به زاری به شمشیرزن گفت زن	مرا نیز با جمله گردن بزن
مروت نبینم رهایی ز بند	به تنها و یارانم اندر کمند
همی گفت و گریان بر احوال طی	به سمع رسول آمد آواز وی
ببخشود آن قوم و دیگر عطا	که هرگز نکرد اصل و گوهر خطا

حکایت

ز بنگاه حاتم یکی پیرمرد	طلب ده درم سنگ فانید کرد
ز راوی چنان یاد دارم خبر	که پیشش فرستاد تنگی شکر
زن از خیمه گفت این چه تدبیر بود؟	همان ده درم حاجت پیر بود
شنید این سخن نامبردار طی	بخندید و گفت ای دلارام حی
گر او درخور حاجت خویش خواست	جوانمردی آل حاتم کجاست؟

***

چو حاتم به آزادمردی دگر	ز دوران گیتی نیامد مگر

ابوبکر سعد آن که دست نوال
نهد همتش بر دهان سؤال

رعیت پناها دلت شاد باد
به سعیت مسلمانی آباد باد

سرافرازد این خاک فرخنده بوم
ز عدلت بر اقلیم یونان و روم

چو حاتم، اگر نیستی کام وی
نبردی کس اندر جهان نام طی

ثنا ماند از آن نامور در کتاب
تو را هم ثنا ماند و هم ثواب

که حاتم بدان نام و آوازه خواست
تو را سعی و جهد از برای خداست

تکلف بر مرد درویش نیست
وصیت همین یک سخن بیش نیست

که چندان که جهدت بود خیر کن
ز تو خیر ماند ز سعدی سخن

حکایت

یکی را خری در گل افتاده بود
ز سوداش خون در دل افتاده بود

بیابان و باران و سرما و سیل
فروهشته ظلمت بر آفاق ذیل

همه شب در این غصه تا بامداد
سقط گفت و نفرین و دشنام داد

نه دشمن برست از زبانش، نه دوست
نه سلطان که این بوم و بر زآن اوست

قضا را خداوند آن پهن دشت
در آن حال منکر بر او بر گذشت

شنید این سخن‌های دور از صواب
نه صبر شنیدن، نه روی جواب

ملک شرمگین در حشم بنگریست
که سودای این بر من از بهرِ چیست؟

یکی گفت شاها به تیغش بزن
که نگذاشت کس را نه دختر، نه زن

نگه کرد سلطان عالی‌محل
خودش در بلا دید و خر در وحل

ببخشود بر حال مسکین مرد
فروخورد خشم سخن‌های سرد

زرش داد و اسب و قبا پوستین
چه نیکو بود مهر در وقت کین

یکی گفتش ای پیر بی‌عقل و هوش
عجب رستی از قتل، گفتا خموش

اگر من بنالیدم از درد خویش
وی انعام فرمود درخورد خویش

بدی را بدی سهل باشد جزا
اگر مردی أَحسِن إلی مَن أساء

حکایت

شنیدم که مغروری از کبر مست
در خانه بر روی سائل ببست

به کنجی فروماند و بنشست مرد
جگر گرم و آه از تف سینه سرد

شنیدش یکی مرد پوشیده‌چشم
بپرسیدش از موجب کین و خشم

فروگفت و بگریست بر خاک کوی
جفایی کز آن شخصش آمد به روی

بگفت ای فلان! ترک آزار کن
یک امشب به نزد من افطار کن

به خلق و فریبش گریبان کشید	به خانه در آوردش و خوان کشید
برآسود درویش روشن نهاد	بگفت ایزدت روشنایی دهاد
شب از نرگسش قطره چندی چکید	سحر دیده بر کرد و دنیا بدید
حکایت به شهر اندر افتاد و جوش	که آن بی‌بصر دیده بر کرد دوش
شنید این سخن خواجه سنگدل	که برگشت درویش از او تنگ‌دل
بگفتا حکایت کن ای نیک‌بخت	که چون سهل شد بر تو این کار سخت؟
که بر کردت این شمع گیتی‌فروز؟	بگفت ای ستمکار آشفته‌روز
تو کوته‌نظر بودی و سست‌رای	که مشغول گشتی به جغد از همای
به روی من این در کسی کرد باز	که کردی تو بر روی وی در، فراز
اگر بوسه بر خاک مردان زنی	به مردی که پیش آیدت روشنی
کسانی که پوشیده چشم دل‌اند	همانا کز این توتیا غافل‌اند
چو برگشته‌دولت ملامت شنید	سرانگشت حیرت به دندان گزید
که شهباز من صید دام تو شد	مرا بود دولت به نام تو شد
کسی چون به دست آورد جرّه‌باز	فروبرده چون موش دندان آز؟

۱۲۰

***

الا گر طلبکار اهل دلی | ز خدمت مکن یک زمان غافلی
خورش ده به گنجشک و کبک و حمام | که یک روزت افتد همایی به دام
چو هر گوشه تیر نیاز افکنی | امید است ناگه که صیدی زنی
دُری هم برآید ز چندین صدف | ز صد چوبه آید یکی بر هدف

***

یکی را پسر گم شد از راحله | شبانگه بگردید در قافله
ز هر خیمه پرسید و هر سو شتافت | به تاریکی آن روشنایی نیافت
چو آمد بَرِ مردم کاروان | شنیدم که می‌گفت با ساروان
!ندانی که چون راه بردم به دوست | هر آن کس که پیش آمدم گفتم اوست
از آن اهل دل در پی هر کسند | که باشد که روزی به مردی رسند
برند از برای دلی بارها | خورند از برای گلی خارها

***

ز تاج ملک‌زاده‌ای در مناخ | شبی لعلی افتاد در سنگلاخ
پدر گفتش اندر شب تیره‌رنگ | چه دانی که گوهر کدام است و سنگ؟

همه سنگ‌ها پاس دار ای پسر | که لعل از میانش نباشد به در
در اوباش، پاکان شوریده‌رنگ | همان جای تاریک و لعل‌اند و سنگ
چو پاکیزه‌نفسان و صاحب‌دلان | بر آمیخته‌ست‌اند با جاهلان
به رغبت بکش بار هر جاهلی | که افتی به سر وقت صاحب‌دلی
کسی را که با دوستی سرخوش است | نبینی که چون بار دشمن کش است؟
بدرّد چو گل جامه از دست خار | که خون‌دردل‌افتاده خندد چو نار
غم جمله خور در هوای یکی | مراعات صد کن برای یکی
گرت خاک‌پایان شوریده‌سر | حقیر و فقیر آید اندر نظر
به مردی کز ایشان به در نیست آن | به خدمت کمر بندشان بر میان
تو هرگز مبینشان به چشم پسند | که ایشان پسندیده حق بسند
کسی را که نزدیک ظنت بد اوست | چه دانی که صاحب‌ولایت خود اوست؟

***

در معرفت بر کسانی است باز | که درهاست بر روی ایشان فراز
بسا تلخ‌عیشان تلخی‌چشان | که آیند در حله دامن‌کشان
ببوسی گرت عقل و تدبیر هست | ملک‌زاده را در نواخانه دست

که روزی برون آید از شهربند
بلندیت بخشد چو گردد بلند

مسوزان درخت گل اندر خریف
که در نوبهارت نماید ظریف

حکایت

یکی زهرهٔ خرج کردن نداشت
زرش بود و یارای خوردن نداشت

نه خوردی، که خاطر بر آسایدش
نه دادی، که فردا بکار آیدش

شب و روز در بند زر بود و سیم
زر و سیم در بند مرد لئیم

بدانست روزی پسر در کمین
که ممسک کجا کرد زر در زمین

ز خاکش برآورد و بر باد داد
شنیدم که سنگی در آنجا نهاد

جوانمرد را زر بقایی نکرد
به یک دستش آمد، به دیگر بخورد

کز این کمزنی بود ناپاکرو
کلاهش به بازار و میزر گرو

نهاده پدر چنگ در نای خویش
پسر چنگی و نایی آورده پیش

پدر زار و گریان همه شب نخفت
پسر بامدادان بخندید و گفت

زر ازبهرِ خوردن بود ای پدر
زبهرِ نهادن چه سنگ و چه زر

زر از سنگ خارا برون آورند
که با دوستان و عزیزان خورند

زر انـدر کـف مـرد دنـیاپرسـت / هنوز ای بـرادر به سنگ اندرست
چـو در زنـدگـانـی بـدی بـا عیال / گرت مرگ خواهند، از ایشان منال
چو چشمارو آن‌گه خورند از تو سیر / کـه از بـام پنجه گز افتی بـه زیر
بخیل تـوانـگر بـه دیـنـار و سیم / طلسمی اسـت بـالای گنجی مقیم
از آن سـال‌هـا مـی‌بـمـانـد زرش / کـه لـرزد طلسمی چنین بر سرش
بـه سـنـگ اجـل نـاگـهـش بشکنند / بـه اسـودگـی گـنج قـسـمـت کنند
پس از بردن و گرد کردن چو مور / بخور پیش از آن کـه‌ات خورد کرم گور
سخن‌های سعدی مثال است و پند / بـه کـار آیـدت گـر شـوی کـاربـنـد
دریـغ اسـت از ایـن روی برتافتن / کـز ایـن روی دولـت تـوان یافتن

حکایت

جوانی به دانگی کرم کرده بود / تـمـنـای پـیـری بـــرآورده بـود
بـه جرمـی گرفت آسـمـان ناگهش / فرسـتـاد سـلطان بـه کشتنگهش
تـکـاپـوی تـرکـان و غـوغـای عـام / تماشاکنان بـر در و کـوی و بام
چو دید انـدر آشـوب، درویش پیر / جـوان را بـه دسـت خـلایق اسیر
دلش بر جوانمرد مسکین بخست / که باری دل آورده بودش به دست

بـرآورد زاری که سلطان بمرد	جهان ماند و خوی پسندیده برد
به هم بر همی‌سود دست دریغ	شنیدند ترکان آهخته تیغ
به فریاد از ایشان برآمد خروش	تپانچه‌زنان بر سر و روی و دوش
پیاده به سر تا در بارگاه	دویدند و بر تخت دیدند شاه
جوان از میان رفت و بردند پیر	به گردن بر تخت سلطان اسیر
به هولش بپرسید و هیبت نمود	که مرگ مَنَت خواستن بر چه بود؟
چو نیک است خوی من و راستی	بد مردم آخر چرا خواستی؟
برآورد پیر دلاور زبان	که ای حلقه در گوش حکمت جهان
به قول دروغی که سلطان بمرد	نمردی و بیچاره‌ای جان ببرد
ملک زین حکایت چنان برشکفت	که چیزش ببخشید و چیزی نگفت
وز این جانب افتان‌وخیزان جوان	همی‌رفت بیچاره هر سو دوان
یکی گفتش از چارسوی قصاص	چه کردی که آمد به جانت خلاص؟
به گوشش فروگفت کای هوشمند	به جانی و دانگی رهیدم ز بند
یکی تخم در خاک از آن می‌نهد	که روز فروماندگی بر دهد
جوی باز دارد بلایی درشت	عصایی شنیدی که عوجی بکشت

حدیث درست آخر از مصطفاست / که بخشایش و خیر، دفع بلاست
عدو را نبینی در این بقعه پای / که بوبکر سعد است کشور خدای
بگیر ای جهانی به روی تو شاد / جهانی، که شادی به روی تو باد
کس از کس به دور تو باری نبرد / گلی در چمن جور خاری نبرد
تویی سایهٔ لطف حق بر زمین / پیمبر صفت رحمه‌العالمین
تو را قدر اگر کس نداند چه غم؟ / شب قدر را می‌ندانند هم

حکایت

کسی دید صحرای محشر به خواب / مس تفته روی زمین ز آفتاب
همی بر فلک شد ز مردم خروش / دماغ از تبش می‌برآمد به جوش
یکی شخص از این جمله در سایه‌ای / به گردن بر از خلد پیرایه‌ای
بپرسید کای مجلس‌آرای مرد / که بود اندر این مجلست پایمرد؟
رزی داشتم بر در خانه، گفت / به سایه درش نیک‌مردی بخفت
در این وقت نومیدی آن مرد راست / گناهم ز دادار داور بخواست
که یارب بر این بنده بخشایشی / کز او دیده‌ام وقتی آسایشی
چه گفتم چو حل کردم این راز را؟ / بشارت خداوند شیراز را

که جمهور در سایهٔ همتش / مقیم‌اند و بر سفرهٔ نعمتش
درختی است مرد کرم، باردار / وز او بگذری هیزم کوهسار
حطب را اگر تیشه بر پی زنند / درخت برومند را کی زنند؟
بسی پای دار، ای درخت هنر / که هم میوه‌داری و هم سایه‌ور

***

بگفتیم در باب احسان بسی / ولیکن نه شرط است با هر کسی
بخور مردم‌آزار را خون و مال / که از مرغ بد، کنده به پر و بال
یکی را که با خواجهٔ توست جنگ / به دستش چرا می‌دهی چوب و سنگ؟
برانداز بیخی که خار آورد / درختی بپرور که بار آورد
کسی را بده پایهٔ مهتران / که بر کهتران سر ندارد گران
مبخشای بر هر کجا ظالمی است / که رحمت بر او جور بر عالمی است
جهان‌سوز را کشته بهتر چراغ / یکی به در آتش که خلقی به داغ
هر آن کس که بر دزد رحمت کند / به بازوی خود کاروان می‌زند
جفاپیشگان را بده سر به باد / ستم بر ستم‌پیشه عدل است و داد

حکایت

شنیدم که مردی غم خانه خورد
که زنبور بر سقف او لانه کرد

زنش گفت از اینان چه خواهی؟ مکن
که مسکین پریشان شوند از وطن

بشد مرد نادان پس کار خویش
گرفتند یک روز زن را به نیش

زن بی‌خرد بر در و بام و کوی
همی‌کرد فریاد و می‌گفت شوی:

مکن روی بر مردم ای زن ترش
تو گفتی که زنبور مسکین مکش

کسی با بدان نیکویی چون کند؟
بدان را تحمل، بد افزون کند

چو اندر سری بینی آزار خلق
به شمشیر تیزش بیازار حلق

سگ آخر که باشد که خوانش نهند؟
بفرمای تا استخوانش دهند

چه نیکو زده است این مثل پیر ده
ستور لگدزن گران‌بار به

اگر نیک‌مردی نماید عسس
نیارد به شب خفتن از دزد، کس

نی نیزه در حلقهٔ کارزار
به قیمت‌تر از نیشکر صدهزار

نه هر کس سزاوار باشد به مال
یکی مال خواهد، یکی گوشمال

چو گربه نوازی کبوتر برد
چو فربه کنی گرگ، یوسف درد

بنایی که محکم ندارد اساس
بلندش مکن ور کنی زو هراس

***

چه خوش گفت بهرام صحرانشین چو یکران توسن زدش بر زمین
دگـر اسـبـی از گـلـه بـایـد گرفت کـه گـر سرکشد بـاز شاید گرفت
ببند ای پسر دجله در آب کاست که سودی ندارد چو سیلاب خاست
چو گـرگ خبیث آمـدت در کمند بکش ور نه دل بر کن از گوسفند
از ابـلـیس هـرگـز نـیـاید سجود نـه از بدگهر نیکویی در وجـود
بد اندیش را جاه و فرصت مده عـدو در چه و دیو در شیشه به
مگو شاید این مار کشتن به چوب چو سر زیر سنگ تو دارد بکوب
قـلـمزن کـه بـد کـرد بـا زیـردسـت قلم بهتر او را به شمشیر دست
مـدبّـر کـه قـانـون بـد مـی‌نـهـد تـو را مـی‌بـرد تـا بـه دوزخ دهد
مگو ملک را این مدبر بس است مدبر مخوانش که مدبِر کس است
سعید آورد قول سعدی به جای که ترتیب ملک است و تدبیر رای

باب سوم

در عشق و مستی و شور

خوشا وقت شوریدگان غمش
اگر زخم بینند و گر مرهمش

گدایانی از پادشاهی نفور
به امیدش اندر گدایی صبور

دمادم شراب الم درکشند
وگر تلخ بینند دم درکشند

بلای خمار است در عیش مُل
سلحدار خار است با شاه گل

نه تلخ است صبری که بر یاد اوست
که تلخی شکر باشد از دست دوست

ملامت کشانند مستان یار
سبک‌تر برد اشتر مست بار

اسیرش نخواهد رهایی ز بند
شکارش نجوید خلاص از کمند

سلاطین عزلت، گدایان حی
منازل‌شناسان گم کرده پی

به سروقتشان خلق ره کی برند
که چون آب حیوان به ظلمت درند

چو بیت‌المقدس درون پر قباب
رها کرده دیوار بیرون خراب

چو پروانه آتش به خود درزنند
نه چون کرم پیله به خود برتنند

دلارام در بر، دلارام جوی
لب از تشنگی خشک، بر طرف جوی

نگویم که بر آب قادر نی‌اند　　　که بر شاطی نیل مستسقی‌اند

***

تو را عشقِ همچون خودی ز آب و گل　　　رباید همی صبر و آرام دل

به بیداری‌اش فتنه بر خَد و خال　　　به خواب اندرش پای‌بند خیال

به صدقش چنان سر نهی در قدم　　　که بینی جهان با وجودش عدم

چو در چشم شاهد نیاید زرت　　　زر و خاک یکسان نماید برت

دگر با کست برنیاید نفس　　　که با او نماند دگر، جایِ کس

تو گویی به چشم اندرش منزل است　　　وگر دیده بر هم نهی، در دل است

نه اندیشه از کس که رسوا شوی　　　نه قوت که یک‌دم شکیبا شوی

گرت جان بخواهد، به لب بر نهی　　　ورت تیغ بر سر نهد، سر نهی

چو عشقی که بنیاد آن بر هواست　　　،چنین فتنه‌انگیز و فرمان‌رواست

عجب داری از سالکان طریق　　　که باشند در بحر معنی غریق؟

به سودای جانان به جان مشتغل　　　به ذکر حبیب از جهان مشتغل

به یاد حق از خلق بگریخته　　　چنان مست ساقی که می ریخته

نشاید به دارو دوا کردشان　　　که کس مطلع نیست بر دردشان

الست از ازل همچنان‌شان به گوش
به فریاد قالوا بلی در خروش

گروهی عمل‌دار عزلت‌نشین
قدم‌های خاکی، دم آتشین

به یک نعره کوهی ز جا برکنند
به یک ناله شهری به هم برزنند

چو بادند پنهان و چالاک‌پوی
چو سنگ‌اند خاموش و تسبیح‌گوی

سحرها بگریند چندان که آب
فروشوید از دیده‌شان کحل خواب

فرس کشته از بس که شب رانده‌اند
سحرگه خروشان که وامانده‌اند

شب و روز در بحر سودا و سوز
ندانند ز آشفتگی شب ز روز

چنان فتنه بر حسن صورت‌نگار
که با حسن صورت ندارند کار

ندادند صاحب‌دلان دل به پوست
وگر ابلهی داد، بی‌مغز اوست

می صرف وحدت کسی نوش کرد
که دنیا و عقبی فراموش کرد

حکایت

شنیدم که وقتی گدازاده‌ای
نظر داشت با پادشازاده‌ای

همی‌رفت و می‌پخت سودای خام
خیالش فروبرده دندان به کام

ز میدانش خالی نبودی چو میل
همه وقت پهلوی اسبش چو پیل

دلش خون شد و راز در دل بماند
ولی پایش از گریه در گل بماند

رقیبان خبر یافتندش ز درد
دگرباره گفتندش اینجا مگرد

دمی رفت و یاد آمدش روی دوست	دگر خیمه زد بر سر کوی دوست
غلامی شکستش سر و دست و پای	که باری نگفتیمت ایدر مپای
دگر رفت و صبر و قرارش نبود	شکیبایی از روی یارش نبود
مگس‌وارش از پیش شکّر به جور	براندندی و بازگشتی به فور
کسی گفتش ای شوخ دیوانه‌رنگ	عجب صبر داری تو بر چوب و سنگ!
بگفت این جفا بر من از دست اوست	نه شرطیست نالیدن از دست دوست
من اینک دم دوستی می‌زنم	گر او دوست دارد وگر دشمنم
ز من صبر بی او توقع مدار	که با او هم امکان ندارد قرار
نه نیروی صبرم، نه جای ستیز	نه امکان بودن، نه پای گریز
مگو زین در بارگه سر بتاب	وگر سر چو میخم نهد در طناب
نه پروانه جان داده در پای دوست	به از زنده در کنج تاریک اوست؟
بگفت: ار خوری زخم چوگان اوی؟	بگفتا: به پایش در افتم چو گوی
بگفتا: سرت گر ببرد به تیغ؟	بگفت: این قدر نبود از وی دریغ
مرا خود ز سر نیست چندان خبر	که تاج است بر تارکم یا تبر
مکن با من ناشکیبا عتیب	که در عشق صورت نبندد شکیب

چو یعقوبم ار دیده گردد سپید نبرم ز دیدار یوسف امید
یکی را که سر خوش بود با یکی نیازارد از وی به هر اندکی
رکابش ببوسید روزی جوان برآشفت و برتافت از وی عنان
بخندید و گفتا: عنان برمپیچ که سلطان عنان برنپیچد ز هیچ
مرا با وجود تو هستی نماند به یاد توام خودپرستی نماند
گرم جرم بینی مکن عیب من تویی سر برآورده از جیب من
بدان زهره دستت زدم در رکاب که خود را نیاوردم اندر حساب
کشیدم قلم در سر نام خویش نهادم قدم بر سر کام خویش
مرا خود کشد تیر آن چشم مست چه حاجت که آری به شمشیر دست؟
تو آتش به نی در زن و در گذر که نه خشک در بیشه ماند نه تر
شنیدم که بر لحن خنیاگری به رقص اندر آمد پری‌پیکری
ز دل‌های شوریده پیرامنش گرفت آتش شمع در دامنش
پراکنده‌خاطر شد و خشمناک یکی گفتش از دوستداران، چه باک؟
تو را آتش ای دوست دامن بسوخت مرا خود به یک بار خرمن بسوخت
اگر یاری از خویشتن دم مزن که شرک است با یار و با خویشتن

چنین دارم از پیر داننده یاد		که شوریده‌ای سر به صحرا نهاد
پدر در فراقش نخورد و نخفت		پسر را ملامت بکردند و گفت
از آن‌گه که یارم کس خویش خواند		دگر با کسم آشنایی نماند
به حقش که تا حق جمالم نمود		دگر هرچه دیدم خیالم نمود
نشد گم که روی از خلایق بتافت		که گم کردهٔ خویش را باز یافت
پراکندگانند زیر فلک		که هم دد توان خواندشان، هم ملک
ز یاد ملک چون ملک نارماند		شب و روز چون دد ز مردم رماند
قوی‌بازوان‌اند، کوتاه‌دست		خردمند شیدا و هشیار مست
گه آسوده در گوشه‌ای خرقه‌دوز		گه آشفته در مجلسی خرقه‌سوز
نه سودای خودشان، نه پروای کس		نه در کنج توحیدشان جای کس
پریشیده‌عقل و پراکنده‌هوش		ز قول نصیحتگر آکنده‌گوش
به دریا نخواهد شدن بط غریق		سمندر چه داند عذاب حریق؟
تهی‌دست مردان پرحوصله		بیابان‌نوردان بی قافله
عزیزان پوشیده از چشم خلق		نه زناردارن پوشیده دلق
ندارند چشم از خلایق پسند		که ایشان پسندیدهٔ حق بسند

پر از میوه و سایه‌ور چون رزند / نه چون ما سیه‌کار و ازرق‌رزند
به خود سر فروبرده همچون صدف / نه مانند دریا برآورده کف
نه مردم همین استخوان‌اند و پوست / نه هر صورتی جان معنی در اوست
نه سلطان خریدار هر بنده‌ای است / نه در زیر هر ژنده‌ای زنده‌ای است
اگر ژاله هر قطره‌ای دُر شدی / چو خرمهره بازار از او پر شدی
چو غازی به خود برنبندند پای / که محکم رود پای چوبین ز جای
حریفان خلوت‌سرای الست / به یک جرعه تا نفخهٔ صور مست
به تیغ از غرض برنگیرند چنگ / که پرهیز و عشق آبگینه است و سنگ

حکایت

یکی شاهدی در سمرقند داشت / که گفتی به جای سمرقند داشت
جمالی گرو برده از آفتاب / ز شوخیش بنیاد تقوی خراب
تعالی الله از حسن تا غایتی / که پنداری از رحمت است آیتی
همی‌رفتی و دیده‌ها در پی‌اش / دل دوستان کرده جان برخی‌اش
نظر کردی این دوست در وی نهفت / نگه کرد باری به تندی و گفت
که ای خیره‌سر چند پویی پی‌ام / ندانی که من مرغ دامت نی‌ام؟

گرت بــار دیگــر ببینـم بــه تیغ / چو دشمن ببرم سرت بی‌دریغ
کسی گفتش اکنون سر خویش گیر / از این سهل‌تر مطلبی پیش گیر
نپندارم این کـام حاصل کنی / مبادا که جـان در سـر دل کنی
چو مفتون صـادق ملامت شنید / بدرد از درون ناله‌ای برکشید
کــه بگــذار تــا زخــم تیـغ هــلاک / بغلطاندم لاشه در خون و خاک
مگر پیش دشمن بگویند و دوست / که این کشتهٔ دست و شمشیر اوست
نمی‌بینم از خـاک کویش گریز / بــه بیــداد گو آبـرویـم بریز
مرا توبه فرمایی ای خودپرست؟ / تو را توبه زین گفت اولی‌ترست
ببخشای بر مـن کـه هـرچ او کند / وگر قصد خــون است نیکو کند
بــسوزانــدم هــر شبــی آتـــشش / سحر زنده گردم به بوی خوشش
اگر میرم امروز در کوی دوست / قیامت زنم خیمه پهلوی دوست
مده تا توانی در این جنگ پشت / که زنده‌ست سعدی که عشقش بکشت

***

یکی تشنه می‌گفت و جان می‌سپرد / خنک نیک‌بختی که در آب مرد
بـدو گفت نابالغی کـای عجب / چو مُردی چه سیراب و چه خشک‌لب

۱۲۷

بگفتا نه آخر دهان تر کنم
که تا جان شیرینش در سر کنم؟

فتد تشنه در آبدان عمیق
که داند که سیراب میرد غریق

اگر عاشقی دامن او بگیر
وگر گویدت جان بده، گو بگیر

بهشت تن‌آسانی آن‌گه خوری
که بر دوزخ نیستی بگذری

دل تخمکاران بود رنج‌کش
چو خرمن برآید بخسبند خوش

در این مجلس آن کس به کامی رسید
که در دور آخر به جامی رسید

حکایت

چنین نقل دارم ز مردان راه
فقیران منعم، گدایان شاه

که پیری به دریوزه شد بامداد
در مسجدی دید و آواز داد

یکی گفتش این خانهٔ خلق نیست
که چیزی دهندت، به شوخی مایست

بدو گفت کاین خانهٔ کیست پس
که بخشایشش نیست بر حال کس؟

بگفتا خموش، این چه لفظ خطاست
خداوند خانه، خداوند ماست

نگه کرد و قندیل و محراب دید
به سوز از جگر نعره‌ای برکشید

که حیف است از اینجا فراتر شدن
دریغ است محروم از این در شدن

نرفتم به محرومی از هیچ کوی
چرا از در حق شوم زردروی؟

هم اینجا کنم دست خواهش دراز
که دانم نگردم تهی‌دست باز

شنیدم که سالی مجاور نشست
چو فریادخواهان برآورده دست

شبی پای عمرش فروشد به گل
تپیدن گرفت از ضعیفیش دل

سحر برد شخصی چراغش به سر
رمق دید از او چون چراغ سحر

همی‌گفت غلغل‌کنان از فرح
و من دقّ باب الکریم انفتح

طلبکار باید صبور و حمول
که نشنیده‌ام کیمیاگر ملول

چه زرها به خاک سیه درکنند
که باشد که روزی مسی زر کنند

زر ازبهرِ چیزی خریدن نکوست
نخواهی خریدن به از یاد دوست

گر از دلبری دل به تنگ آیدت
دگر غمگساری به چنگ آیدت

مبر تلخ‌عیشی ز روی ترش
به آب دگر آتشش بازکش

ولی گر به خوبی ندارد نظیر
به اندک دل‌آزار ترکش مگیر

توان از کسی دل بپرداختن
که دانی که بی او توان ساختن

حکایت

شنیدم که پیری شبی زنده داشت
سحر دست حاجت به حق برفراشت

یکی هاتف انداخت در گوش پیر   که بی‌حاصلی، رو سر خویش گیر

بر این در دعای تو مقبول نیست   به خواری برو یا به زاری بایست

شب دیگر از ذکر و طاعت نخفت   مریدی ز حالش خبر یافت، گفت

چو دیدی کز آن روی بسته است در   به بی‌حاصلی سعی چندین مبر

به دیباچه بر اشک یاقوت‌فام   به حسرت ببارید و گفت: ای غلام

به نومیدی آنگه بگردیدمی   از این ره که راهی دگر دیدمی

مپندار گر وی عنان برشکست   که من بازدارم ز فتراک دست

چو خواهنده محروم گشت از دری   چه غم گر شناسد در دیگری؟

شنیدم که راهم در این کوی نیست   ولی هیچ راه دگر روی نیست

در این بود سر بر زمین فدا   که گفتند در گوش جانش ندا

قبول است اگرچه هنر نیستش   که جز ما پناهی دگر نیستش

یکی در نشابور دانی چه گفت   چو فرزندش از فرض خفتن بخفت؟

توقع مدار ای پسر گر کسی   که بی‌سعی هرگز به جایی رسی

سمیلان چو می‌برنگیرد قدم   وجودی است بی‌منفعت چون عدم

طمع دار سود و بترس از زیان   که بی‌بهره باشند فارغ‌زیان

حکایت

شکایت کند نوعروسی جوان | به پیری ز داماد نامهربان
که مپسند چندین که با این پسر | به تلخی رود روزگارم به سر
کسانی که با ما در این منزل‌اند | نبینم که چون من پریشان دل‌اند
زن و مرد با هم چنان دوست‌اند | که گویی دو مغز و یکی پوست‌اند
ندیدم در این مدت از شوی من | که باری بخندید در روی من
شنید این سخن پیر فرخنده‌فال | سخندان بود مرد دیرینه‌سال
یکی پاسخش داد شیرین و خوش | که گر خوبروی است، بارش بکش
دریغ است روی از کسی تافتن | که دیگر نشاید چُن او یافتن
چرا سر کشی زان که گر سر کشد | به حرف وجودت قلم درکشد؟
یکم روز بر بنده‌ای دل بسوخت | که می‌گفت و فرماندهش می‌فروخت
تو را بنده از من به افتد بسی | مرا چون تو دیگر نیفتد کسی

حکایت

طبیبی پری‌چهره در مرو بود | که در باغ دل قامتش سرو بود

نه از درد دل‌های ریشش خبر   نه از چشم بیمار خویشش خبر
حکایت کند دردمندی غریب   که خوش بود چندی سرم با طبیب
نمی‌خواستم تندرستی خویش   که دیگر نیاید طبیبم به پیش
بسا عقل زورآور چیردست   که سودای عشقش کند زیردست
چو سودا خرد را بمالید گوش   نیارد دگر سر برآورد هوش

حکایت

یکی پنجهٔ آهنین راست کرد   که با شیر زورآوری خواست کرد
چو شیرش به سرپنجه در خود کشید   دگر زور در پنجهٔ خود ندید
یکی گفتش آخر چه خسبی چو زن؟   به سرپنجهٔ آهنینش بزن
شنیدم که مسکین در آن زیر گفت   نشاید بدین پنجه با شیر گفت
چو بر عقل دانا شود عشق چیر   همان پنجهٔ آهنین است و شیر
تو در پنجهٔ شیر مرد اوژنی   چه سودت کند پنجهٔ آهنی؟
چو عشق آمد از عقل دیگر مگوی   که در دست چوگان اسیر است گوی

حکایت

میان دو عمزاده وصلت فتاد — دو خورشیدسیمای مهترنژاد

یکی را به غایت خوش افتاده بود — دگر نافر و سرکش افتاده بود

یکی خلق و لطف پریوار داشت — یکی روی در روی دیوار داشت

یکی خویشتن را بیاراستی — دگر مرگ خویش از خدا خواستی

پسر را نشاندند پیران ده — که مِهرت بر او نیست، مَهرش بده

بخندید و گفتا به صد گوسفند — تغابن نباشد رهایی ز بند

به ناخن پری‌چهره می‌کند پوست — که هرگز بدین کی شکیبم ز دوست؟

نه صد گوسفندم که سیصدهزار — نباید به نادیدن روی یار

تو را هرچه مشغول دارد ز دوست — اگر راست خواهی دلارامت اوست

***

یکی پیش شوریده‌حالی نبشت — که دوزخ تمنا کنی یا بهشت؟

بگفتا مپرس از من این ماجرا — پسندیدم آنچ او پسندد مرا

حکایت

به مجنون کسی گفت کای نیک‌پی / چه بودت که دیگر نیایی به حی؟
مگر در سرت شور لیلی نماند / خیالت دگر گشت و میلی نماند؟
چو بشنید بیچاره بگریست زار / که ای خواجه دستم ز دامن بدار
مرا خود دلی دردمند است ریش / تو نیزم نمک بر جراحت مریش
نه دوری دلیل صبوری بود / که بسیار دوری ضروری بود
بگفت: ای وفادار فرخنده‌خوی / پیامی که داری به لیلی بگوی
بگفتا: مبر نام من پیش دوست / که حیف است نام من آنجا که اوست

حکایت

یکی خرده بر شاه غزنین گرفت / که حسنی ندارد ایاز ای شگفت
گلی را که نه رنگ باشد، نه بوی / !غریب است سودای بلبل بر اوی
به محمود گفت این حکایت کسی / بپیچید از اندیشه بر خود بسی
که عشق من ای خواجه بر خوی اوست / نه بر قد و بالای نیکوی اوست
شنیدم که در تنگنایی شتر / بیفتاد و بشکست صندوق دُر

به یغما ملک آستین برفشاند	وز آنجا به تعجیل مرکب براند
سواران پی دُرّ و مرجان شدند	ز سلطان به یغما پریشان شدند
نماند از وشاقان گردن‌فراز	کسی در قفای ملک جز ایاز
نگه کرد کای دلبر پیچ‌پیچ	ز یغما چه آورده‌ای؟ گفت: هیچ
من اندر قفای تو می‌تاختم	ز خدمت به نعمت نپرداختم
گرت قربتی هست در بارگاه	به خلعت مشو غافل از پادشاه
خلاف طریقت بود کاولیا	تمنا کنند از خدا جز خدا
گر از دوست چشمت بر احسان اوست	تو در بند خویشی، نه در بند دوست
تو را تا دهن باشد از حرص باز	نیاید به گوش دل از غیب راز
حقیقت سرایی است آراسته	هوی و هوس گرد برخاسته
نبینی که جایی که برخاست گرد	نبیند نظر گرچه بیناست مرد

حکایت

قضا را من و پیری از فاریاب	رسیدیم در خاک مغرب به آب
مرا یک درم بود برداشتند	به کشتی و درویش بگذاشتند

سیاهان براندند کشتی چو دود / که آن ناخدا، ناخداترس بود
مرا گریه آمد ز تیمار جفت / بر آن گریه، قهقه بخندید و گفت
مخور غم برای من ای پرخرد / مرا آن کس آرد که کشتی برد
بگسترد سجاده بر روی آب / خیال است پنداشتم یا به خواب
ز مدهوشی‌ام دیده آن شب نخفت / نگه بامدادان به من کرد و گفت
تو لنگی به چوب آمدی من به پای / تو را کشتی آورد و ما را خدای
چرا اهل معنی بدین نگروند / که ابدال در آب و آتش روند؟
نه طفلی کز آتش ندارد خبر / نگه داردش مادر مهرور؟
پس آنان که در وجد مستغرق‌اند / شب و روز در عین حفظ حق‌اند
نگه دارد از تاب آتش خلیل / چو تابوت موسی ز غرقاب نیل
چو کودک به دست شناور بر است / نترسد وگر دجله پهناور است
تو بر روی دریا قدم چون زنی / چو مردان که بر خشک، تردامنی؟

***

ره عقل جز پیچ‌برپیچ نیست / بر عارفان جز خدا هیچ نیست
توان گفتن این با حقایق‌شناس / ولی خرده گیرند اهل قیاس

که پس آسمان و زمین چیستند؟
بنی‌آدم و دام و دد کیستند؟
پسندیده پرسیدی ای هوشمند
بگویم گر آید جوابت پسند
که هامون و دریا و کوه و فلک
پری وآدمی‌زاد و دیو و ملک
همه هرچه هستند از آن کمترند
که با هستی‌اش نام هستی برند
عظیم است پیش تو دریا به موج
بلند است خورشید تابان به اوج
ولی اهل صورت کجا پی برند
که ارباب معنی به ملکی درند
که گر آفتاب است یک ذره نیست
وگر هفت دریاست یک قطره نیست
چو سلطان عزت علم برکشد
جهان سر به جیب عدم درکشد

حکایت

رئیس دهی با پسر در رهی
گذشتند بر قلب شاهنشهی
پسر چاوشان دید و تیغ و تبر
قباهای اطلس، کمرهای زر
یلان کماندار نخجیرزن
غلامان ترکش‌کش تیرزن
یکی در برش پرنیانی قباه
یکی بر سرش خسروانی کلاه
پسر کان همه شوکت و پایه دید
پدر را به غایت فرومایه دید

که حالش بگردید و رنگش بریخت　　ز هیبت به بیغوله‌ای درگریخت
پسر گفتش آخر بزرگ دهی　　به سرداری از سر بزرگان مهی
چه بودت که ببریدی از جان امید　　بلرزیدی از باد هیبت چو بید؟
بلی، گفت سالار و فرماندهم　　ولی عزتم هست تا در دهم
بزرگان از آن دهشت‌آلوده‌اند　　که در بارگاه ملک بوده‌اند
تو، ای بی‌خبر، همچنان در دهی　　که بر خویشتن منصبی می‌نهی
نگفتند حرفی زبان‌آوران　　که سعدی نگوید مثالی بر آن

***

مگر دیده باشی که در باغ و راغ　　بتابد به شب کرمکی چون چراغ
یکی گفتش ای کرمک شب‌فروز　　چه بودت که بیرون نیایی به روز؟
ببین کآتشی کرمک خاک‌زاد　　جواب از سر روشنایی چه داد
که من روز و شب جز به صحرا نی‌ام　　ولی پیش خورشید پیدا نی‌ام

حکایت

ثنا گفت بر سعد زنگی کسی　　که بر تربتش باد رحمت بسی

درم داد و تشریف و بنواختش / به مقدار خود منزلت ساختش
چو الله و بس دید بر نقش زر / بشورید و برکند خلعت ز بر
ز سوزش چنان شعله در جان گرفت / که برجست و راه بیابان گرفت
یکی گفتش از همنشینان دشت / چه دیدی که حالت دگرگونه گشت
تو اول زمین بوسه دادی به جای / نبایستی آخر زدن پشت پای
بخندید کاوّل ز بیم و امید / همی لرزه بر تن فتادم چو بید
به آخر ز تمکین الله و بس / نه چیزم به چشم اندر آمد، نه کس

حکایت

به شهری در از شام غوغا فتاد / گرفتند پیری مبارک‌نهاد
هنوز آن حدیثم به گوش اندر است / چو قیدش نهادند بر پای و دست
که گفت: ار نه سلطان اشارت کند / که را زهره باشد که غارت کند؟
بباید چنین دشمنی دوست داشت / که می‌دانمش دوست بر من گماشت
اگر عزّ و جاه است و گر ذلّ و قید / من از حق شناسم، نه از عمرو و زید
ز علت مدار، ای خردمند، بیم / چو داروی تلخت فرستد حکیم

بخور هرچه آید ز دست حبیب	نه بیمار داناتر است از طبیب

حکایت

یکی را چو من دل به دست کسی	گرو بود و می‌برد خواری بسی
پس از هوشمندی و فرزانگی	به دف بر زدندش به دیوانگی
ز دشمن جفا بردی ازبهرِ دوست	که تریاک اکبر بود زهر دوست
قفا خوردی از دست یاران خویش	چو مسمار پیشانی آورده پیش
خیالش چنان بر سر آشوب کرد	که بام دماغش لگدکوب کرد
نبودش ز تشنیع یاران خبر	که غرقه ندارد ز باران خبر
که را پای خاطر برآمد به سنگ	نیندیشد از شیشهٔ ناموننگ
شبی دیو خود را پری‌چهره ساخت	در آغوش آن مرد و بر وی بتاخت
سحرگه مجال نمازش نبود	ز یاران کس آگه ز رازش نبود
به آبی فرورفت نزدیک بام	بر او بسته سرما، دری از رخام
نصیحتگری لومش آغاز کرد	که خود را بکُشتی در این آب سرد
ز برنای منصف برآمد خروش	که ای یار چند از ملامت؟ خموش
مرا پنج روز این پسر دل فریفت	ز مهرش چنانم که نتوان شکیفت

نپرسید باری به خُلق خوشم
ببین تا چه بارش به جان می‌کشم

پس آن را که شخصم ز خاک آفرید
به قدرت در او جان پاک آفرید

عجب داری ار بار امرش برم
که دایم به احسان و فضلش درم؟

***

اگر مردِ عشقی کمِ خویش گیر
و گرنه رهِ عافیت پیش گیر

مترس از محبت که خاکت کند
که باقی شوی گر هلاکت کند

نروید نبات از حبوبِ درست
مگر حال بر وی بگردد نخست

تو را با حق آن آشنایی دهد
که از دستِ خویشت رهایی دهد

که تا با خودی در خودت راه نیست
وز این نکته جز بی‌خود آگاه نیست

نه مطرب که آواز پای ستور
سماع است اگر عشق داری و شور

مگس پیشِ شوریده‌دل پر نزد
که او چون مگس دست بر سر نزد

نه بم داند آشفته‌سامان، نه زیر
به آوازِ مرغی بنالد فقیر

سُراینده خود می‌نگردد خموش
ولیکن نه هر وقت باز است گوش

چو شوریدگان مِی‌پرستی کنند
به آوازِ دولاب مستی کنند

به چرخ اندر آیند دولاب‌وار
چو دولاب بر خود بِگِریند زار

به تسلیم سر در گریبان برند چو طاقت نماند گریبان درند
مکن عیبِ درویشِ مدهوشِ مست که غرق است از آن می‌زند پا و دست
نگویم سماع ای برادر که چیست مگر مستمع را بدانم که کیست
گر از برج معنی پرد طیرِ او فرشته فروماند از سیرِ او
وگر مرد لهو است و بازی و لاغ قوی‌تر شود دیوش اندر دِماغ
چو مردِ سماع است، شهوت‌پرست به آوازِ خوش خفته خیزد، نه مست
پریشان شود گل به بادِ سحر نه هیزم که نَشکافدش جز تبر
جهان پر سماع است و مستی و شور ولیکن چه بیند در آیینه کور؟
نبینی شتر بر نوای عرب که چونش به رقص اندر آرد طرب؟
شتر را چو شورِ طرب در سَر است اگر آدمی را نباشد خر است

حکایت

شکرلب جوانی نی آموختی که دل‌ها در آتش چو نی سوختی
پدر بارها بانگ بر وی زدی به تندی و آتش در آن نی زدی
شبی بر ادای پسر گوش کرد سماعش پریشان و مدهوش کرد
همی‌گفت و بر چهره افکنده خوی که آتش به من در زد این بار نی

ندانی که شوریده‌حالان مست	چرا برفشانند در رقص دست؟
گشاید دری بر دل از واردات	فشاند سر دست بر کاینات
حلالش بود رقص بر یاد دوست	که هر آستینیش جانی در اوست
گرفتم که مردانه‌ای در شنا	برهنه توانی زدن دست و پا
بکن خرقه نام و ناموس و زرق	که عاجز بود مرد با جامه غرق
تعلق حجاب است و بی‌حاصلی	چو پیوندها بگسلی واصلی

حکایت

کسی گفت پروانه را کای حقیر	برو دوستی درخور خویش گیر
رهی رو که بینی طریق رجا	تو و مهر شمع از کجا تا کجا؟
سمندر نه‌ای گرد آتش مگرد	که مردانگی باید آنگه نبرد
ز خورشید پنهان شود موش کور	که جهل است با آهنین‌پنجه زور
کسی را که دانی که خصم تو اوست	نه از عقل باشد گرفتن به دوست
تو را کس نگوید نکو می‌کنی	که جان در سر کار او می‌کنی
گدایی که از پادشه خواست دخت	قفا خورد و سودای بیهوده پخت

کجا در حساب آرد او چون تو دوست	که روی ملوک و سلاطین در اوست؟
مپندار کاو در چنان مجلسی	مدارا کند با چو تو مفلسی
وگر با همه خلق نرمی کند	تو بیچاره‌ای با تو گرمی کند
نگه کن که پروانهٔ سوزناک	چه گفت، ای عجب گر بسوزم چه باک؟
مرا چون خلیل آتشی در دل است	که پنداری این شعله بر من گل است
نه دل دامن دلستان می‌کشد	که مهرش گریبان جان می‌کشد
نه خود را بر آتش به خود می‌زنم	که زنجیر شوق است در گردنم
مرا همچنان دور بودم که سوخت	نه این دم که آتش به من درفروخت
نه آن می‌کند یار در شاهدی	که با او توان گفتن از زاهدی
که عیبم کند بر تولای دوست؟	که من راضی‌ام کشته در پای دوست
مرا بر تلف حرص دانی چراست؟	چو او هست اگر من نباشم رواست
بسوزم که یار پسندیده اوست	که در وی سرایت کند سوز دوست
مرا چند گویی که درخورد خویش	حریفی به دست آر، همدرد خویش
بدان ماند اندرز شوریده‌حال	که گویی به کژدم‌گزیده منال
کسی را نصیحت مگو ای شگفت	که دانی که در وی نخواهد گرفت

ز کف رفته بیچاره‌ای را لگام / نگویند کآهسته ران ای غلام

چه نغز آمد این نکته در سندباد / که عشق آتش است ای پسر پند، باد

به باد آتش تیز برتر شود / پلنگ از زدن کینه‌ور تر شود

چو نیکت بدیدم، بدی می‌کنی / که رویم فرا چون خودی می‌کنی

ز خود بهتری جوی و فرصت شمار / که با چون خودی گم کنی روزگار

پی چون خودی خودپرستان روند / به کوی خطرناک مستان روند

من اول که این کار سر داشتم / دل از سر به یک بار برداشتم

سرانداز در عاشقی صادق است / که بدزهره بر خویشتن عاشق است

اجل ناگهی در کمینم کشد / همان به که آن نازنینم کشد

چو بی‌شک نبشته‌ست بر سر هلاک / به دست دلارام خوش‌تر هلاک

نه روزی به بیچارگی جان دهی؟ / همان به که در پای جانان دهی

حکایت

شبی یاد دارم که چشمم نخفت / شنیدم که پروانه با شمع گفت

که من عاشقم گر بسوزم رواست / تو را گریه و سوز باری چراست؟

بگفت: ای هوادار مسکین من / برفت انگبین یار شیرین من

چو شیرینی از من به در می‌رود / چو فرهادم آتش به سر می‌رود

همی‌گفت و هر لحظه سیلاب درد / فرو می‌دویدش به رخسار زرد

که ای مدعی عشق کار تو نیست / که نه صبر داری نه یارای ایست

تو بگریزی از پیش یک شعله خام / من استاده‌ام تا بسوزم تمام

تو را آتش عشق اگر پر بسوخت / مرا بین که از پای تا سر بسوخت

همه شب در این گفت‌وگو بود شمع / به دیدار او وقت اصحاب، جمع

نرفته ز شب همچنان بهره‌ای / که ناگه بکشتش پری‌چهره‌ای

همی‌گفت و می‌رفت دودش به سر / که این است پایان عشق، ای پسر

اگر عاشقی خواهی آموختن / به کشتن فرج یابی از سوختن

مکن گریه بر گور مقتول دوست / برو خرمی کن که مقبول اوست

اگر عاشقی سر مشوی از مرض / چو سعدی فروشوی دست از غرض

فدایی ندارد ز مقصود چنگ / و گر بر سرش تیر بارند و سنگ

به دریا مرو گفتمت زینهار / وگر می‌روی تن به طوفان سپار

باب چهارم

در تواضع

ز خـاک آفـریـدت خـداونـد پاک / پس ای بنده افتادگی کن چو خاک
حریص و جهان‌سوز و سرکش مباش / ز خـاک آفریدندت آتـش مباش
چو گردن‌کشید آتـش هولناک / بـه بیچارگی تـن بینداخت خاک
چو آن سرفرازی نمود، این کمی / از آن دیـو کـردند، از این آدمی

***

یکی قطره بـاران ز ابـری چکید / خجل شد چو پهنای دریـا بدید
که جایی که دریاست من کیستم؟ / گر او هست حقّا که من نیستم
چو خود را به چشم حقارت بدید / صدف در کنارش به جان پرورید
سپهرش بـه جایـی رسانید کار / کـه شـد نامـور لـؤلـؤ شاهوار
بلندی از آن یافت کاو پست شد / در نیستی کوفت تا هست شد
تـواضـع کند هوشمـند گزین / نهد شـاخ پر میوه سر بر زمین

حکایت

جوانی خردمند پاکیزه‌بوم
ز دریا برآمد به دربند روم

در او فضل دیدند و فقر و تمیز
نهادند رختش به جایی عزیز

سر صالحان گفت روزی به مرد
که خاشاک مسجد بیفشان و گرد

همان کاین سخن مرد رهرو شنید
برون رفت و بازش کس آنجا ندید

بر آن حمل کردند یاران و پیر
که پروای خدمت نبودش فقیر

دگر روز خادم گرفتش به راه
که ناخوب کردی به رأی تباه

ندانستی ای کودک خودپسند
که مردان ز خدمت به جایی رسند

گرستن گرفت از سر صدق‌وسوز
که ای یار جان‌پرور دل‌فروز

نه گرد اندر آن بقعه دیدم، نه خاک
من آلوده بودم در آن جای پاک

گرفتم قدم لاجرم بازپس
که پاکیزه به مسجد از خاک‌وخس

طریقت جز این نیست درویش را
که افکنده دارد تن خویش را

بلندیت باید تواضع گزین
که آن بام را نیست سُلّم جز این

حکایت

شنیدم که وقتی سحرگاه عید   ز گرمابه آمد برون بایزید
یکی طشت خاکسترش بی‌خبر   فروریختند از سرایی به سر
همی‌گفت شولیده دستار و موی   کف دست شکرانه مالان به روی
که ای نفس من درخور آتشم   به خاکستری روی درهم کشم؟
بزرگان نکردند در خود نگاه   خدابینی از خویشتن‌بین مخواه
بزرگی به ناموس و گفتار نیست   بلندی به دعوی و پندار نیست
تواضع سر رفعت افرازدت   تکبر به خاک اندر اندازدت
به گردن فتد سرکش تندخوی   بلندیت باید بلندی مجوی
ز مغرور دنیا ره دین مجوی   خدابینی از خویشتن‌بین مجوی
گرت جاه باید مکن چون خسان   به چشم حقارت نگه در کسان
گمان کی برد مردم هوشمند   که در سرگرانی است قدر بلند؟
از این نامورتر محلی مجوی   که خوانند خلقت پسندیده خوی
نه گر چون تویی بر تو کبر آورد   بزرگش نبینی به چشم خرد؟
تو نیز ار تکبر کنی همچنان   نمایی که پیشت تکبرکنان

چو استادهای بر مقامی بلند
بر افتاده گر هوشمندی مخند

بسا ایستاده درآمد ز پای
که افتادگانش گرفتند جای

گرفتم که خود هستی از عیب پاک
تعنّت مکن بر من عیبناک

یکی حلقهٔ کعبه دارد به دست
یکی در خراباتی افتاده مست

گر آن را بخواند، که نگذاردش؟
ور این را براند، که باز آردش؟

نه مستظهر است آن به اعمال خویش
نه این را در توبه بسته است پیش

حکایت

شنیدستم از راویان کلام
که در عهد عیسی علیه‌السلام

یکی زندگانی تلف کرده بود
به جهل و ضلالت سر آورده بود

دلیری، سیه‌نامه‌ای، سخت‌دل
ز ناپاکی ابلیس در وی خجل

به سر برده ایام، بی حاصلی
نیاسوده تا بوده از وی دلی

سرش خالی از عقل و از احتشام
شکم فربه از لقمه‌های حرام

به ناراستی دامن‌آلوده‌ای
به ناداشتی دوده‌اندوده‌ای

نه چشمی چو بینندگان راست رو
نه گوشی چو مردم نصیحت شنو

چو سال بد، از وی خلایق نفور
نمایان به هم، چون مه نو ز دور

هوی‌وهوس خرمنش سوخته / جوی نیک‌نامی نیندوخته
سیه‌نامه چندان تنعم براند / که در نامه جای نبشتن نماند
گنهکار و خودرای و شهوت‌پرست / به غفلت شب و روز مخمور و مست
شنیدم که عیسی درآمد ز دشت / به مقصوره عابدی برگذشت
به زیر آمد از غرفه خلوت‌نشین / به پایش درافتاد سر بر زمین
گنهکارِ برگشته اختر ز دور / چو پروانه حیران در ایشان ز نور
تأمل به حسرت‌کنان شرمسار / چو درویش در دست سرمایه‌دار
خجل زیر لب عذرخواهان به سوز / ز شب‌های در غفلت آورده روز
سرشک غم از دیده باران چو میغ / که عمرم به غفلت گذشت ای دریغ!
برانداختم نقد عمر عزیز / به دست از نکویی نیاورده چیز
چو من زنده هرگز مبادا کسی / که مرگش به از زندگانی بسی
برست آن که در عهد طفلی بمرد / که پیرانه‌سر شرمساری نبرد
گناهم ببخش ای جهان‌آفرین / که گر با من آید فبئس القرین
نگون مانده از شرمساری سرش / روان آب حسرت به شیب و برش
در این گوشه نالان گنهکار پیر / که فریاد حالم رس ای دستگیر

وز آن نیمه عابد سری پرغرور
ترش کرده بر فاسق، ابرو ز دور

که این مدبر اندر پی ما چراست؟
نگون‌بخت جاهل چه درخورد ماست؟

به گردن در آتش در افتاده‌ای
به باد هوی عمر بر داده‌ای

چه خیر آمد از نفس تر دامنش
که صحبت بود با مسیح و منش؟

چه بودی که زحمت ببردی ز پیش
به دوزخ برفتی پس کار خویش

همی رنجم از طلعت ناخوشش
مبادا که در من فتد آتشش

به محشر که حاضر شوند انجمن
خدایا تو با او مکن حشر من

در این بود و وحی از جلیل‌الصفات
درآمد به عیسی علیه‌الصلوه

که گر عالم است این و گر وی جهول
مرا دعوت هر دو آمد قبول

تبه کرده ایام برگشته روز
بنالید بر من به زاری و سوز

به بیچارگی هر که آمد برم
نیندازمش ز آستان کرم

عفو کردم از وی عمل‌های زشت
به انعام خویش آرمش در بهشت

و گر عار دارد عبادت‌پرست
که در خلد با وی بود هم نشست

بگو ننگ از او در قیامت مدار
که آن را به جنّت برند این به نار

که آن را جگر، خون شد از سوز و درد
گر این تکیه بر طاعت خویش کرد

ندانست در بارگاه غنی / که بیچارگی به ز کبر و منی
که را جامه پاک است و سیرت پلید / در دوزخش را نباید کلید
بر این آستان عجز و مسکینی‌ات / به از طاعت و خویشتن‌بینی‌ات
چو خود را ز نیکان شمردی، بدی / نمی‌گنجد اندر خدایی خودی
اگر مردی از مردی خود مگوی / نه هر شهسواری به در برد گوی
پیاز آمد آن بی‌هنر جمله پوست / که پنداشت چون پسته مغزی دراوست
از این نوع طاعت نیاید به کار / برو عذر تقصیر طاعت بیار
چه رند پریشان شوریده‌بخت / چه زاهد که بر خود کند کار سخت
به زهد و ورع کوش و صدق و صفا / ولیکن میفزای بر مصطفی
نخورد از عبادت بر آن بی‌خرد / که با حق نکو بود و با خلق بد
سخن ماند از عاقلان یادگار / ز سعدی همین یک سخن یاد دار
گنهکار اندیشناک از خدای / به از پارسای عبادت نمای

حکایت

فقیهی کهن جامهٔ تنگ‌دست
در ایوان قاضی به صف برنشست

نگه کرد قاضی در او تیزتیز
معرّف گرفت آستینش که خیز

ندانی که برتر مقام تو نیست
فروتر نشین یا برو یا بایست

نه هر کس سزاوار باشد به صدر
کرامت به جاه است و منزل به قدر

دگر ره چه حاجت ببیند کست؟
همین شرمساری عقوبت بست

به عزت هر آن کاو فروتر نشست
به خواری نیفتد ز بالا به پست

به جای بزرگان دلیری مکن
چو سر پنجه‌ات نیست، شیری مکن

چو دید آن خردمند درویش‌رنگ
که‌بنشست و برخاست بختش به‌جنگ

چو آتش برآورد بیچاره دود
فروتر نشست از مقامی که بود

فقیهان طریق جدل ساختند
لِم و لا اُسَلِّم درانداختند

گشادند بر هم در فتنه باز
به لا و نَعَم کرده گردن دراز

تو گفتی خروسان شاطر به جنگ
فتادند در هم به منقار و چنگ

یکی بی‌خود از خشمناکی چو مست
یکی بر زمین می‌زند هر دو دست

فتادند در عقدهٔ پیچ‌پیچ
که در حل آن ره نبردند هیچ

کهن‌جامه در صف آخرترین به غرّش در آمد چو شیر عرین
بگفت: ای صنادید شرع رسول به ابلاغ تنزیل و فقه و اصول
دلایل قوی باید و معنوی نه رگ‌های گردن به حجت قوی
مرا نیز چوگان لعب است و گوی بگفتند اگر نیک دانی بگوی
به کلک فصاحت بیانی که داشت به دل‌ها چو نقش نگین برنگاشت
سر از کوی صورت به معنی کشید قلم بر سر حرف دعوی کشید
بگفتندش از هر کنار آفرین که بر عقل و طبعت هزارآفرین
سمند سخن تا به جایی براند که قاضی چو خر در وَحَل بازماند
برون آمد از طاق و دستار خویش به اکرام و لطفش فرستاد پیش
که هیهات قدر تو نشناختم به شکر قدومت نپرداختم
دریغ آیدم با چنین مایه‌ای که بینم تو را در چنین پایه‌ای
معرّف به دلداری آمد برش که دستار قاضی نهد بر سرش
به دست و زبان منع کردش که دور منه بر سرم پایبند غرور
که فردا شود بر کهن مِیزَران به دستارِ پَنجَه گَزَم، سر گران
چو مولام خوانند و صدر کبیر نمایند مردم به چشمم حقیر

تـفـاوت کـنـد هـرگـز آب زلال
گرش کـوزه زریـن بـود یا سفال؟

خـرد بایـد انـدر سـر مـرد و مغز
نبایـد مـرا چـون تـو دسـتـار نغز

کس از سربزرگی نباشد به چیز
کدو سربزرگ است و بی‌مغز نیز

میفراز گـردن بـه دسـتـار و ریش
که دستار پنبه است و سبلت حشیش

به صـورت کسانی که مـردم وشند
چو صورت همان به که دم درکشند

بـه قـدر هـنـر جـسـت بـایـد محل
بلندی و نحسی مکن چون زحل

نـی بـوریـا را بـلـنـدی نکوست
که خاصیت نیشکر خود در اوست

بدین عقل و همت نخوانم کست
و گـر مـی‌رود صد غـلام از پست

چه خوش گفت خرمهره‌ای در گلی
چـو بـرداشـتـش پـر طـمع جاهلی

مـرا کس نخواهد خریدن به هیچ
بـه دیـوانـگـی در حـریـرم مپیچ

خَـبَـزدو همان قدر دارد که هست
وگـر در مـیـان شـقـایق نشست

نه منعم به مال از کسی بهتر است
خر ار جُل اطلس بپوشد خر است

بدین شیوه مرد سخنگوی چست
بـه آب سخن کینه از دل بشست

دل‌آزرده را سخت باشد سخُن
چـو خصمت بیفتاد سستی مکن

چو دستت رسد مغز دشمن بر آر
که فرصت فروشوید از دل غبار

چنان ماند قاضی به جورش اسیر	که گفت اِنَّ هـذا لِیَـوم عَسیر
به دنـدان گزید از تعجب یدین	بماندش در او دیده چون فرقدین
وز آنجا جـوان روی همت بتافت	برون رفت و بازش نشان کس نیافت
غریو از بزرگان مجلس بخاست	کهگویی چنین شوخ چشم از کجاست؟
نقیب از پیاش رفت و هر سو دوید	که مردی بدین نعت و صورت که دید؟
یکی گفت از این نوع شیرین نفس	در این شهر سعدی شناسیم و بس
بر آن صدهزارآفرین کاین بگفت	حق تلخ بین تا چه شیرین بگفت

حکایت

یکی پادشـهزاده در گنجه بود	که دور از تو، ناپاک و سرپنجه بود
به مسجد درآمد سرایان و مست	می اندر سر و ساتکینی به دست
به مقصوره در پارسایی مقیم	زبانـی دلاویــز و قلبی سلیم
تنی چند بـر گفت او مجتمع	چو عالم نباشی کم از مستمع
چو بیعزتی پیشه کرد آن حرون	شدند آن عزیزان خراب اندرون
چو منکـر بـود پـادشـه را قدم	که یارد زد از امر معروف دم؟

تحکم کند سیر بر بوی گل
فروماند آواز چنگ از دهل

گرت نهی منکر برآید ز دست
نشاید چو بی‌دست‌وپایان نشست

وگر دست قدرت نداری، بگوی
که پاکیزه گردد به اندرز خوی

چو دست و زبان را نماند مجال
به همت نمایند مردی رجال

یکی پیش دانای خلوت‌نشین
بنالید و بگریست سر بر زمین

که باری بر این رند ناپاک و مست
دعا کن که ما بی‌زبانیم و دست

دمی سوزناک از دلی باخبر
قوی‌تر که هفتاد تیغ و تبر

برآورد مرد جهان‌دیده دست
چه گفت ای خداوند بالا و پست

خوش است این پسر وقتش از روزگار
خدایا همه وقت او خوش بدار

کسی گفتش: ای قدوهٔ راستی
بر این بد چرا نیکویی خواستی؟

چو بدعهد را نیک خواهی ز بهر
چه بد خواستی بر سر خلق شهر؟

چنین گفت بینندهٔ تیزهوش
چو سر سخن در نیابی مجوش

به طامات مجلس نیاراستم
ز دادآفرین توبه‌اش خواستم

که هر گه که بازآید از خوی زشت
به عیشی رسد جاودان در بهشت

همین پنج روز است، عیش مدام
به ترک اندرش عیش‌های مدام

حدیثی که مرد سخن‌ساز گفت
کسی ز آن میان با ملک باز گفت
ز وجد آب در چشمش آمد چو میغ
ببارید بر چهره سیل دریغ
به نیران شوق اندرونش بسوخت
حیا دیده بر پشت پایش بدوخت
بر نیک‌محضر فرستاد کس
در توبه کوبان که فریادرس
قدم رنجه فرمای تا سر نهم
سر جهل و ناراستی بر نهم
دو رویه ستادند بر در سپاه
سخن‌پرور آمد در ایوان شاه
شکر دید و عناب و شمع و شراب
ده از نعمت آباد و مردم خراب
یکی غایب از خود، یکی نیم‌مست
یکی شعرگویان صراحی به دست
ز سویی برآورده مطرب خروش
ز دیگر سو آواز ساقی که نوش
حریفان خراب از می لعل‌رنگ
سر چنگی از خواب در بر چو چنگ
نبود از ندیمان گردن‌فراز
به جز نرگس آنجا کسی دیده باز
دف و چنگ با یکدگر سازگار
برآورده زیر از میان ناله زار
بفرمود و درهم شکستند خرد
مبدل شد آن عیش صافی، به دُرد
شکستند چنگ و گسستند رود
به در کرد گوینده از سر سرود
به میخانه در، سنگ بر دن زدند
کدو را نشاندند و گردن زدند

می لالـه‌گـون از بـط سـرنگـون / روان همچنان کز بط کشته خون
خم آبستن خمر نه ماهه بود / در آن فتنه دختر بینداخت زود
شکم تا به نافش دریدند مشک / قدح را بر او چشم خونی پر اشک
بفرمود تا سنگ صحن سرای / بکندند و کردند نو باز جای
کـه گلگـونه خمـر یـاقـوت‌فـام / به شستن نمی‌شد ز روی رخام
عجب نیست بالوعه گر شد خراب / که خورد اندر آن روز چندان شراب
دگر هر که بربط گرفتی به کف / قفا خوردی از دست مردم چو دف
وگر فاسقی چنگ بردی به دوش / بمالیدی او را چو طنبور گوش
جوان سر از کبر و پندار مست / چو پیران به کنج عبادت نشست
پدر بارها گفته بـودش به هول / که شایسته‌رو باش و پاکیزه‌قول
جفای پدر بـرد و زنـدان و بند / چنان سودمنـدش نیامد که پند
گرش سخت گفتی سخنگوی سهل / که بیرون کن از سر جوانی و جهل
خیال و غـرورش بر آن داشتی / که درویـش را زنـده نگذاشتی
سپر نفکند شیر غـرّان ز جنگ / نیندیشد از تیـغ بـرّان پلنگ
به نرمی ز دشمن توان کرد دوست / چو با دوست سختی کنی دشمن اوست

چو سندان کسی سخت‌رویی نکرد
که خایسک تأدیب بر سر نخورد

به گفتن درشتی مکن با امیر
چو بینی که سختی کند، سست گیر

به اخلاق با هر که بینی بساز
اگر زیردست است، اگر سرفراز

که این گردن از نازکی برکشد
به گفتار خوش وآن سر اندرکشد

به شیرین‌زبانی توان برد گوی
که پیوسته تلخی برد تندخوی

تو شیرین‌زبانی ز سعدی بگیر
ترش‌روی را گو به تلخی بمیر

حکایت

شکرخنده‌ای انگبین می‌فروخت
که دل‌ها ز شیرینی‌اش می‌بسوخت

نباتی میان‌بسته چون نیشکر
بر او مشتری از مگس بیشتر

گر او زهر برداشتی فی‌المثل
بخوردندی از دست او چون عسل

گرانی نظر کرد در کار او
حسد برد بر گرم بازار او

دگر روز شد گرد گیتی دوان
عسل بر سر و سرکه بر ابروان

بسی گشت فریادخوان پیش و پس
که ننشست بر انگبینش مگس

شبانگه چو نقدش نیامد به دست
به دل‌تنگ‌رویی به کنجی نشست

چو عاصی ترش کرده روی از وعید | چو ابروی زندانیان روز عید
زنی گفت بازی‌کنان شوی را | عسل تلخ باشد ترش‌روی را
به دوزخ برد مرد را خوی زشت | که اخلاق نیک آمده است از بهشت
برو آب گرم از لب جوی خور | نه جلّاب سرد ترش‌روی خور
حرامت بود نان آن کس چشید | که چون سفره ابرو به هم درکشید
مکن خواجه بر خویشتن کار سخت | که بدخوی باشد نگون‌سار‌بخت
گرفتم که سیم و زرت چیز نیست | چو سعدی زبان خوشت نیز نیست؟

حکایت

شنیدم که فرزانه‌ای حق‌پرست | گریبان گرفتش یکی رند مست
از آن تیره‌دل مرد صافی‌درون | قفا خورد و سر بر نکرد از سکون
یکی گفتش آخر نه مردی تو نیز؟ | تحمل دریغ است از این بی‌تمیز
شنید این سخن مرد پاکیزه‌خوی | بدو گفت از این نوع با من مگوی
دَرَد مست نادان گریبان مرد | که با شیر جنگی سگالد نبرد؟
ز هشیار عاقل نزیبد که دست | زند در گریبان نادان مست
هنرور چنین زندگانی کند | جفا بیند و مهربانی کند

۱۷۲

حکایت

سگی پای صحرانشینی گزید	به خشمی که زهرش ز دندان چکید
شب از درد، بیچاره خوابش نبرد	به خیل اندرش دختری بود خرد
پدر را جفا کرد و تندی نمود	که آخر تو را نیز دندان نبود؟
پس از گریه مرد پراکنده‌روز	بخندید کای بابک دل‌فروز
مرا گرچه هم سلطنت بود و بیش	دریغ آمدم کام و دندان خویش
محال است اگر تیغ بر سر خورم	که دندان به پای سگ اندر برم
توان کرد با ناکسان بدرگی	ولیکن نیاید ز مردم سگی

حکایت

بزرگی هنرمند آفاق بود	غلامش نکوهیده‌اخلاق بود
از این خفرگی موی کالیده‌ای	بدی، سرکه در روی مالیده‌ای
چو ثعبانش آلوده دندان به زهر	گرو برده از زشت‌رویان شهر
مدامش به روی آب چشم سبل	دویدی ز بوی پیاز بغل
گره وقت پختن بر ابرو زدی	چو پختند با خواجه زانو زدی

دمادم به نان خوردنش همنشست / و گر مردی آبش ندادی به دست
نه گفت اندر او کار کردی، نه چوب / شب و روز از او خانه در کندوکوب
گهی خار و خس در ره انداختی / گهی ماکیان در چه انداختی
ز سیماش وحشت فراز آمدی / نرفتی به کاری که باز آمدی
کسی گفت از این بندهٔ بدخصال / چه خواهی؟ ادب یا هنر یا جمال؟
نیرزد وجودی بدین ناخوشی / که جورش پسندی و بارش کشی
مَنَت بندهٔ خوب و نیکوسیر / به دست آرم، این را به نخّاس بر
وگر یک پشیز آورد سر مپیچ / گران است اگر راست خواهی به هیچ
شنید این سخن مرد نیکونهاد / بخندید کای یار فرخ‌نژاد
بد است این پسر طبع و خویش ولیک / مرا زو طبیعت شود خوی نیک
چو زو کرده باشم تحمل بسی / توانم جفا بردن از هر کسی
تحمل چو زهرت نماید نخست / ولی شهد گردد چو در طبع رست

حکایت

کسی راه معروف کرخی بجست / که بنهاد معروفی از سر نخست
شنیدم که مهمانش آمد یکی / ز بیماری‌اش تا به مرگ اندکی

سرش موی و رویش صفا ریخته	به موییش جان در تن آویخته
شب آنجا بیفکند و بالش نهاد	روان دست در بانگ و نالش نهاد
نه خوابش گرفتی شبان یک نفس	نه از دست فریاد او خواب کس
نهادی پریشان و طبعی درشت	نمی‌مرد و خلقی به حجت بکشت
ز فریاد و نالیدن و خفت‌وخیز	گرفتند از او خلق راه گریز
ز دیار مردم در آن بقعه کس	همان ناتوان ماند و معروف و بس
شنیدم که شب‌ها ز خدمت نخفت	چو مردان میان بست و کرد آنچه گفت
شبی بر سرش لشکر آورد خواب	که چند آورد مرد ناخفته تاب؟
به یکدم که چشمانش خفتن گرفت	مسافر پراکنده گفتن گرفت
که لعنت بر این نسل ناپاک باد	که نام‌اند و ناموس و زرق‌اند و باد
پلیداعتقادان پاکیزه‌پوش	فریبندهٔ پارسایی فروش
چه داند لت انبانی از خواب مست	که بیچاره‌ای دیده بر هم نبست؟
سخن‌های منکر به معروف گفت	که یکدم چرا غافل از وی بخفت
فروخورد شیخ این حدیث از کرم	شنیدند پوشیدگان حرم
یکی گفت معروف را در نهفت	شنیدی که درویش نالان چه گفت؟

برو زاین سپس گو سر خویش گیر
گرانی مکن جای دیگر بمیر

نکویی و رحمت به جای خود است
ولی با بدان نیک‌مردی بد است

سر سفله را گرد بالش منه
سر مردم‌آزار بر سنگ به

مکن با بدان نیکی ای نیک‌بخت
که در شوره نادان نشاند درخت

نگویم مراعات مردم مکن
کرم پیش نامردمان گم مکن

به اخلاق نرمی مکن با درشت
که سگ را نمالند چون گربه پشت

گر انصاف خواهی سگ حق‌شناس
به سیرت، به از مردم ناسپاس

به برفاب رحمت مکن بر خسیس
چو کردی مکافات بر یخ نویس

ندیدم چنین پیچ‌برپیچ کس
مکن هیچ رحمت بر این هیچ‌کس

بخندید و گفت ای دلارام جفت
پریشان مشو زین پریشان که گفت

گر از ناخوشی کرد بر من خروش
مرا ناخوش از وی خوش آمد به‌گوش

جفای چنین کس نباید شنود
که نتواند از بی‌قراری غنود

چو خود را قوی‌حال بینی و خوش
به شکرانه بار ضعیفان بکش

اگر خود همین صورتی چون طلسم
بمیری و اسمت بمیرد چو جسم

وگر پرورانی درخت کرم
بر نیک‌نامی خوری لاجرم

نبینی که در کرخ تربت بسی است		به جز گور معروف، معروف نیست
به دولت کسانی سر افراختند		که تاج تکبر بینداختند
تکبر کند مرد حشمت‌پرست		نداند که حشمت به حلم اندر است

حکایت

طمع برد شوخی به صاحب‌دلی		نبود آن زمان در میان حاصلی
کمربند و دستش تهی بود و پاک		که زر برفشاندی به رویش چو خاک
برون تاخت خواهندهٔ خیره‌روی		نکوهیدن آغاز کردش به کوی
که زنهار از این کژدمان خموش		پلنگان درّندهٔ صوف‌پوش
که چون گربه زانو به دل برنهند		و گر صیدی افتد چو سگ درجهند
سوی مسجد آورده دکان شید		که در خانه کمتر توان یافت صید
ره کاروان شیرمردان زنند		ولی جامهٔ مردم اینان کنند
سپید و سیه پاره بردوخته		به سالوس و پنهان زر اندوخته
زهی جوفروشان گندم‌نمای		جهان‌گرد شب‌کوک خرمن‌گدای
مبین در عبادت که پیرند و سست		که در رقص و حالت جوان‌اند و چست

چرا کرد باید نماز از نشست / چو در رقص برمی‌توانند جست؟
عصای کلیم‌اند بسیارخوار / به ظاهر چنین زردروی و نزار
نه پرهیزگار و نه دانشورند / همین بس که دنیا به دین می‌خورند
عبایی بلیلانه در تن کنند / به دخل حبش جامهٔ زن کنند
ز سنت نبینی در ایشان اثر / مگر خواب پیشین و نان سحر
شکم تا سر آکنده از لقمه تنگ / چو زنبیل دریوزه هفتاد رنگ
نخواهم در این وصف از این بیش گفت / که شنعت بود سیرت خویش گفت
فروگفت از این شیوه نادیده‌گوی / نبیند هنر دیدهٔ عیب‌جوی
یکی کرده بی‌آبرویی بسی / چه غم داردش ز آبروی کسی؟
مریدی به شیخ این سخن نقل کرد / گر انصاف پرسی، نه از عقل کرد
بدی در قفا عیب من کرد و خفت / بتر زو قرینی که آورد و گفت
یکی تیری افکند و در ره فتاد / وجودم نیازرد و رنجم نداد
تو برداشتی و آمدی سوی من / همی در سپوزی به پهلوی من
بخندید صاحب‌دل نیک‌خوی / که سهل است از این صعب‌تر گو بگوی
هنوز آنچه گفت از بدم اندکی است / از آنها که من دانم از صد یکی است

ز روی گمان بر من اینها که بست   من از خود یقین می‌شناسم که هست
وی امسال پیوست با ما وصال   کجا داندم عیب هفتاد سال؟
به از من کس اندر جهان، عیب من   نداند به جز عالم‌الغیب من
ندیدم چنین نیک‌پندار کس   که پنداشت عیب من این است و بس
به محشر گواه گناهم گر اوست   ز دوزخ نترسم که کارم نکوست
گرم عیب گوید بداندیش من   بیا گو ببر نسخه از پیش من
کسان مرد راه خدا بوده‌اند   که بُرجاس تیر بلا بوده‌اند
زبون باش چون پوستینت درند   که صاحب‌دلان بار شوخان برند
گر از خاک مردان سبویی کنند   به سنگش ملامت کنان بشکنند

حکایت

ملک صالح از پادشاهان شام   برون آمدی صبحدم با غلام
بگشتی در اطراف بازار و کوی   به رسم عرب نیمه بر بسته روی
که صاحب‌نظر بود و درویش‌دوست   هر آن کاین دو دارد ملک صالح اوست
دو درویش در مسجدی خفته یافت   پریشان دل و خاطر آشفته یافت

شب سردشان دیده نابرده خواب چو حربا تأمل‌کنان آفتاب
یکی ز آن دو می‌گفت با دیگری که هم روز محشر بود داوری
گر این پادشاهان گردن‌فراز که در لهو و عیش‌اند و با کام و ناز
درآیند با عاجزان در بهشت من از گور سر برنگیرم ز خشت
بهشت برین ملک و مأوای ماست که بند غم امروز بر پای ماست
همه عمر از اینان چه دیدی خوشی که در آخرت نیز زحمت کشی؟
اگر صالح آنجا به دیوار باغ برآید، به کفشش بدرّم دماغ
چو مرد این سخن گفت و صالح شنید دگر بودن آنجا مصالح ندید
دمی رفت تا چشمهٔ آفتاب ز چشم خلایق فروشست خواب
دوان هر دو را کس فرستاد و خواند به هیبت نشست و به حرمت نشاند
بر ایشان ببارید باران جود فروشستشان گرد ذل از وجود
پس از رنج سرما و باران و سیل نشستند با نامداران خیل
گدایان بی جامه شب کرده روز معطرکنان جامه بر عودسوز
یکی گفت از اینان ملک را نهان که ای حلقه در گوش حکمت جهان
پسندیدگان در بزرگی رسند ز ما بندگانت چه آمد پسند؟

شهنشه ز شادی چو گل برشکفت	بخندید در روی درویش و گفت
من آن کس نی‌ام کز غرور حشم	ز بیچارگان روی درهم کشم
تو هم با من از سر بنه خوی زشت	که ناسازگاری کنی در بهشت
من امروز کردم در صلح باز	تو فردا مکن در به رویم فراز
چنین راه اگر مقبلی پیش گیر	شرف بایدت دست درویش گیر
بر از شاخ طوبی کسی برنداشت	که امروز تخم ارادت نکاشت
ارادت نداری سعادت مجوی	به چوگان خدمت توان برد گوی
تو را کی بود چون چراغ التهاب	که از خود پری همچو قندیل از آب؟
وجودی دهد روشنایی به جمع	که سوزیش در سینه باشد چو شمع

حکایت

یکی در نجوم اندکی دست داشت	ولی از تکبر سری مست داشت
بر کوشیار آمد از راه دور	دلی پر ارادت، سری پر غرور
خردمند از او دیده بردوختی	یکی حرف در وی نیاموختی
چو بی‌بهره عزم سفر کرد باز	بدو گفت دانای گردن‌فراز

تو خود را گمان برده‌ای پر خرد　　انائی که پر شد، دگر چون برد؟
ز دعوی پُری زان تهی می‌روی　　تهی آی تا پر معانی شوی
ز هستی در آفاق، سعدی‌صفت　　تهی گرد و باز آی پر معرفت

حکایت

به خشم از ملک بنده‌ای سربتافت　　بفرمود جستن کسش در نیافت
چو بازآمد از راه خشم و ستیز　　به شمشیرزن گفت خونش بریز
به خون تشنه جلاد نامهربان　　برون کرد دشنه چو تشنه‌زبان
شنیدم که گفت از دل تنگ ریش　　خدایا بحل کردمش خون خویش
که پیوسته در نعمت و ناز و نام　　در اقبال او بوده‌ام دوست‌کام
مبادا که فردا به خون منش　　بگیرند و خرم شود دشمنش
ملک را چو گفت وی آمد به گوش　　دگر دیگ خشمش نیاورد جوش
بسی بر سرش داد و بر دیده بوس　　خداوند رایت شد و طبل و کوس
به رفق از چنان سهمگن جایگاه　　رسانید دهرش بدان پایگاه
غرض زین حدیث آن که گفتار نرم　　چو آب است بر آتش مرد گرم
تواضع کن ای دوست با خصم تند　　که نرمی کند تیغ برّنده کند

نبینی که در معرض تیغ و تیر
بپوشند خفتان صد تو حریر

حکایت

ز ویرانهٔ عارفی ژنده‌پوش
یکی را نباح سگ آمد به گوش
به دل گفت کوی سگ اینجا چراست؟
درآمد که درویش صالح کجاست؟
نشان سگ از پیش و از پس ندید
به جز عارف آنجا دگر کس ندید
خجل بازگردیدن آغاز کرد
که شرم آمدش بحث این راز کرد
شنید از درون عارف آواز پای
هلا گفت بر در چه پایی؟ در آی
مپندار ای دیدهٔ روشنم
کز ایدر سگ آواز کرد، این منم
چو دیدم که بیچارگی می‌خرد
نهادم ز سر کبر و رای و خرد
چو سگ بر درش بانگ کردم بسی
که مسکین‌تر از سگ ندیدم کسی
چو خواهی که در قدر والا رسی
ز شیب تواضع به بالا رسی
در این حضرت آنان گرفتند صدر
که خود را فروتر نهادند قدر
چو سیل اندر آمد به هول و نهیب
فتاد از بلندی به سر در نشیب
چو شبنم بیفتاد مسکین و خرد
به مهر آسمانش به عیوق برد

حکایت

گروهی برآنند از اهل سخن
که حاتم اصم بود، باور مکن

برآمد طنین مگس بامداد
که در چنبر عنکبوتی فتاد

همه ضعف و خاموشی‌اش کید بود
مگس قند پنداشتش قید بود

نگه کرد شیخ از سر اعتبار
که ای پایبند طمع پای دار

نه هر جا شکر باشد و شهد و قند
که در گوشه‌ها دامیار است و بند

یکی گفت از آن حلقهٔ اهل رای
عجب دارم ای مرد راه خدای

مگس را تو چون فهم کردی خروش
که ما را به دشواری آمد به گوش؟

تو آگاه گشتی به بانگ مگس
نشاید اصم خواندنت زین سپس

تبسم‌کنان گفت ای تیزهوش
اصم به که گفتار باطل نیوش

کسانی که با ما به خلوت درند
مرا عیب‌پوش و ثناگسترند

چو پوشیده دارند اخلاق دون
کند هستی‌ام زیر و طبعم زبون

فرامی‌نمایم که می‌نشنوم
مگر کز تکلف مبرّا شوم

چو کالیو دانندم اهل نشست
بگویند نیک و بدم هرچه هست

اگر بد شنیدن نیاید خوشم
ز کردار بد دامن اندرکشم

به حبل ستایش فرا چه مشو چو حاتم اصم باش و غیبت شنو

حکایت

عزیزی در اقصای تبریز بود که همواره بیدار و شب‌خیز بود
شبی دید جایی که دزدی کمند بپیچید و بر طرف بامی فکند
کسان را خبر کرد و آشوب خاست ز هر جانبی مرد با چوب خاست
چو نامردم آواز مردم شنید میان خطر جای بودن ندید
نهیبی از آن گیرودار آمدش گریز به وقت اختیار آمدش
ز رحمت دل پارسا موم شد که شب دزد بیچاره محروم شد
به تاریکی از پی فراز آمدش به راهی دگر پیشباز آمدش
که یارا مرو کآشنای توام به مردانگی خاک پای توام
ندیدم به مردانگی چون تو کس که جنگاوری بر دو نوع است و بس
یکی پیش خصم آمدن مردوار دوم جان به در بردن از کارزار
بر این هر دو خصلت غلام توام چه نامی که مولای نام توام؟
گرت رای باشد به حکم کرم به جایی که می‌دانمت ره برم

۱۸۵

سرایی است کوتاه و در بسته سخت　　نپندارم آنجا خداوند رخت
کلوخی دو بالای هم برنهیم　　یکی پای بر دوش دیگر نهیم
به چندان که در دستت افتد بساز　　از آن به که گردی تهی‌دست باز
به دلداری و چاپلوسی و فن　　کشیدش سوی خانهٔ خویشتن
جوانمرد شبرو فروداشت دوش　　به کتفش برآمد خداوند هوش
به غلطاق و دستار و رختی که داشت　　ز بالا به دامان او در گذاشت
وز آنجا برآورد غوغا که دزد　　ثواب ای جوانان و یاری و مزد
به در جست از آشوب دزد دغل　　دوان، جامهٔ پارسا در بغل
دل‌آسوده شد مرد نیک‌اعتقاد　　که سرگشته‌ای را برآمد مراد
خبیثی که بر کس ترحم نکرد　　ببخشود بر وی دل نیک‌مرد
عجب ناید از سیرت بخردان　　که نیکی کنند از کرم با بدان
در اقبال نیکان بدان می‌زیند　　وگرچه بدان اهل نیکی نیند

حکایت

یکی را چو سعدی دلی ساده بود　　که با ساده‌رویی درافتاده بود
جفا بردی از دشمن سختگوی　　ز چوگان سختی بخستی چو گوی

ز کس چین بر ابرو نینداختی	ز یاری به تندی نپرداختی
یکی گفتش آخر تو را ننگ نیست؟	خبر زین همه سیلی و سنگ نیست؟
تن خویشتن سغبه دونان کنند	ز دشمن تحمل زبونان کنند
نشاید ز دشمن خطا درگذاشت	که گویند: یارا و مردی نداشت
بدو گفت: شیدای شوریده‌سر	جوابی که شاید نبشتن به زر
دلم خانهٔ مهرِ یار است و بس	از آن می‌نگنجد در او کین کس
چه خوش گفت بهلول فرخنده‌خوی	چو بگذشت بر عارفی جنگجوی
گر این مدعی، دوست بشناختی	به پیکار دشمن نپرداختی
گر از هستی حق خبر داشتی	همه خلق را نیست پنداشتی

حکایت

شنیدم که لقمان سیه‌فام بود	نه تن‌پرور و نازک‌اندام بود
یکی بندهٔ خویش پنداشتش	زبون دید و در کار گل داشتش
جفا دید و با جور و قهرش بساخت	به سالی سرایی ز بهرش بساخت
چو پیش آمدش بندهٔ رفته باز	ز لقمانش آمد نهیبی فراز

به پایش درافتاد و پوزش نمود / بخندید لقمان که پوزش چه سود؟
به سالی ز جورت جگر خون کنم / به یک ساعت از دل به در چون کنم؟
ولی هم ببخشایم ای نیکمرد / که سود تو ما را زیانی نکرد
تو آباد کردی شبستان خویش / مرا حکمت و معرفت گشت بیش
غلامی است در خیلم ای نیکبخت / که فرمایمش وقت‌ها کار سخت
دگر ره نیازارمش سخت، دل / چو یاد آیدم سختی کار گل
هر آن کس که جور بزرگان نبرد / نسوزد دلش بر ضعیفان خرد
گر از حاکمان سختت آید سخن / تو بر زیردستان درشتی مکن
نکو گفت بهرام شه با وزیر / که دشوار با زیردستان مگیر

حکایت

شنیدم که در دشت صنعا جنید / سگی دید برکنده دندان صید
ز نیروی سرپنجهٔ شیرگیر / فرومانده عاجز چو روباه پیر
پس از غرم و آهو گرفتن به پی / لگد خوردی از گوسفندان حی
چو مسکین و بی‌طاقتش دید و ریش / بدو داد یک نیمه از زاد خویش
شنیدم که می‌گفت و خوش می‌گریست / که داند که بهتر ز ما هر دو کیست؟

به ظاهر من امروز از این بهترم
دگر تا چه راند قضا بر سرم

گرم پای ایمان نلغزد ز جای
به سر بر نهم تاج عفو خدای

وگر کسوت معرفت در برم
نماند، به بسیار از این کمترم

که سگ با همه زشت‌نامی چو مرد
مر او را به دوزخ نخواهند برد

ره این است سعدی که مردان راه
به عزت نکردند در خود نگاه

از آن بر ملائک شرف داشتند
که خود را به از سگ نپنداشتند

حکایت

یکی بربطی در بغل داشت مست
به شب در سر پارسایی شکست

چو روز آمد آن نیک‌مرد سلیم
بر سنگ‌دل برد یک مشت سیم

که دوشینه معذور بودی و مست
تو را و مرا بربط و سر شکست

مرا به شد آن زخم و برخاست بیم
تو را به نخواهد شد الا به سیم

از این دوستان خدا بر سرند
که از خلق بسیار بر سر خورند

حکایت

شنیدم که در خاک وخش از مهان
یکی بود در کنج خلوت نهان

مجرد به معنی، نه عارف به دلق / که بیرون کند دست حاجت به خلق
سعادت گشاده دری سوی او / در از دیگران بسته بر روی او
زبان‌آوری بی‌خرد سعی کرد / ز شوخی به بد گفتن نیکمرد
که زنهار از این مکر و دستان و ریو / به جای سلیمان نشستن چو دیو
دمادم بشویند چون گربه روی / طمع کرده در صید موشان کوی
ریاضتکش از بهرِ نام و غرور / که طبل تهی را رود بانگ دور
همی گفت و خلقی بر او انجمن / بر ایشان تفرج‌کنان مرد و زن
شنیدم که بگریست دانای وخش / که یارب مر این بنده را توبه بخش
وگر راست گفت ای خداوند پاک / مرا توبه ده تا نگردم هلاک
پسند آمد از عیب‌جوی خودم / که معلوم من کرد خوی بدم
گر آنی که دشمنت گوید، مرنج / وگر نیستی، گو برو بادسنج
اگر ابلهی مشک را گنده گفت / تو مجموع باش، او پراکنده گفت
وگر می‌رود در پیاز این سخن / چنین است گو گنده‌مغزی مکن
نگیرد خردمند روشن‌ضمیر / زبان‌بند دشمن ز هنگامه گیر
نه آیین عقل است و رای و خرد / که دانا فریب مشعبد خورد

پس کار خویش آن که عاقل نشست زبان بداندیش بر خود ببست

تو نیکوروش باش تا بدسگال نیابد به نقص تو گفتن مجال

چو دشوارت آمد ز دشمن سخن نگر تا چه عیبت گرفت آن مکن

جز آن کس ندانم نکوگوی من که روشن کند بر من آهوی من

حکایت

کسی مشکلی برد پیش علی مگر مشکلش را کند منجلی

امیر عدوبند کشورگشای جوابش بگفت از سر علم و رای

شنیدم که شخصی در آن انجمن بگفتا: چنین نیست یا باالحسن

نرنجید از او حیدر نامجوی بگفت: ار تو دانی از این به بگوی

بگفت: آنچه دانست و بایسته گفت به گل چشمهٔ خور نشاید نهفت

پسندید از او شاه‌مردان جواب که من بر خطا بودم او بر صواب

به از ما سخنگوی دانا یکی است که بالاتر از علم او علم نیست

گر امروز بودی خداوند جاه نکردی خود از کبر در وی نگاه

به در کردی از بارگه حاجبش فروکوفتندی به ناواجبش

که من بعد بی‌آبرویی مکن   ادب نیست پیش بزرگان سخن
یکی را که پندار در سر بود   مپندار هرگز که حق بشنود
ز علمش ملال آید از وعظ ننگ   شقایق به باران نروید ز سنگ
گرت دُر دریای فضل است خیز   به تذکیر در پای درویش ریز
نبینی که از خاک افتاده خوار   بروید گل و بشکفد نوبهار
مریز ای حکیم آستین‌های در   چو می‌بینی از خویشتن خواجه پر
به چشم کسان درنیاید کسی   که از خود بزرگی نماید بسی
مگو تا بگویند شکرت هزار   چو خود گفتی از کس توقع مدار

حکایت

گدایی شنیدم که در تنگجای   نهادش عُمَر پای بر پشت پای
ندانست درویش بیچاره کاوست   که رنجیده دشمن نداند ز دوست
برآشفت بر وی که کوری مگر؟   بدو گفت سالار عادل، عمر
نه کورم ولیکن خطا رفت کار   ندانستم، از من گنه در گذار
چه منصف بزرگان دین بوده‌اند   که با زیردستان چنین بوده‌اند
فروتن بود هوشمند گزین   نهد شاخ پر میوه سر بر زمین

بنازند فردا تواضع‌کنان		نگون از خجالت سر گردنان
اگر می‌بترسی ز روز شمار		از آن کز تو ترسد خطا در گذار
مکن خیره بر زیردستان ستم		که دستی است بالای دست تو هم

حکایت

یکی خوب‌کردار خوش‌خوی بود		که بدسیرتان را نکوگوی بود
به‌خوابش کسی دید چون درگذشت		که باری حکایت کن از سرگذشت
دهانی به خنده چو گل باز کرد		چو بلبل به صوتی خوش آغاز کرد
که بر من نکردند سختی بسی		که من سخت نگرفتمی بر کسی

حکایت

چنین یاد دارم که سقای نیل		نکرد آب بر مصر سالی سبیل
گروهی سوی کوهساران شدند		به فریاد، خواهان باران شدند
گرستند و از گریه جویی روان		نیامد مگر گریهٔ آسمان
به ذوالنون خبر برد از ایشان کسی		که بر خلق رنج است و زحمت بسی
فروماندگان را دعایی بکن		که مقبول را رد نباشد سخن

شنیدم که ذوالنون به مدین گریخت / بسی برنیامد که باران بریخت
خبر شد به مدین پس از روز بیست / که ابر سیه‌دل بر ایشان گریست
سبک عزم باز آمدن کرد پیر / که پر شد به سیل بهاران غدیر
بپرسید از او عارفی در نهفت / چه حکمت در این رفتنت بود؟ گفت
شنیدم که بر مرغ و مور و ددان / شود تنگ روزی به فعل بدان
در این کشور اندیشه کردم بسی / پریشان‌تر از خود ندیدم کسی
برفتم مبادا که از شر من / ببندد در خیر بر انجمن
بهی بایدت لطف کن کان بهان / ندیدندی از خود بتر در جهان
تو آن‌گه شوی پیش مردم عزیز / که مر خویشتن را نگیری به چیز
بزرگی که خود را به خردی شمرد / به دنیا و عقبی بزرگی ببرد
از این خاکدان بنده‌ای پاک شد / که در پای کمتر کسی خاک شد
الا ای که بر خاک ما بگذری / به خاک عزیزان که یاد آوری
که گر خاک شد سعدی، او را چه غم؟ / که در زندگی خاک بوده است هم
به بیچارگی تن فرا خاک داد / وگر گرد عالم برآمد چو باد
بسی برنیاید که خاکش خورد / دگرباره بادش به عالم برد

مگر تا گلستان معنی شکفت / بر او هیچ بلبل چنین خوش نگفت

عجب گر بمیرد چنین بلبلی / که بر استخوانش نروید گلی

باب پنجم
در رضا

شبی زیت فکرت همی‌سوختم   چراغ بلاغت می‌افروختم
پراکنده‌گویی حدیثم شنید   جز احسنت گفتن طریقی ندید
هم از خبث نوعی در آن درج کرد   که ناچار فریاد خیزد ز درد
که فکرش بلیغ است و رایش بلند   در این شیوهٔ زهد و طامات و پند
نه در خشت و کوپال و گرز گران   که این شیوه ختم است بر دیگران
نداند که ما را سر جنگ نیست   وگرنه مجال سخن تنگ نیست
توانم که تیغ زبان برکشم   جهانی سخن را قلم درکشم
بیا تا در این شیوه چالش کنیم   سر خصم را سنگ، بالش کنیم

***

سعادت به بخشایش داورست   نه در چنگ و بازوی زورآورست
چو دولت نبخشد سپهر بلند   نیاید به مردانگی در کمند
نه سختی رسید از ضعیفی به مور   نه شیران به سرپنجه خوردند و زور

چو نتوان بر افلاک دست آختن ضروری است با گردشش ساختن
گرت زندگانی نبشته است دیر نه مارت گزاید نه شمشیر و شیر
وگر در حیاتت نمانده است بهر چنانت کشد نوشدارو که زهر
نه رستم چو پایان روزی بخورد شغاد از نهادش برآورد گرد؟

حکایت

مرا در سپاهان یکی یار بود که جنگاور و شوخ و عیار بود
مدامش به‌خون‌دست‌وخنجرخضاب بر آتش دل خصم از او چون کباب
ندیدمش روزی که ترکش نبست ز پولاد پیکانش آتش نجست
دلاور به سرپنجهٔ گاوزور ز هولش به شیران درافتاده شور
به دعوی چنان ناوک انداختی که عذرا به هر یک یک انداختی
چنان خار در گل ندیدم که رفت که پیکان او در سپرهای جفت
نزد تارک جنگجویی به خشت که خود و سرش را نه درهم سرشت
چو گنجشک روز ملخ در نبرد به‌کشتن‌چه‌گنجشک‌پیشش‌چه‌مرد
گرش بر فریدون بدی تاختن امانش ندادی به تیغ آختن
پلنگانش از زور سرپنجه زیر فروبرده چنگال در مغز شیر

گرفتی کمربند جنگ‌آزمای وگر کوه بودی بکندی ز جای

زره‌پوش را چون تبرزین زدی گذر کردی از مرد و بر زین زدی

نه در مردی او را نه در مردمی دوم در جهان کس شنید آدمی

مرا یکدم از دست نگذاشتی که با راست‌طبعان سری داشتی

سفر ناگهم زان زمین دربود که بیشم در آن بقعه روزی نبود

قضا نقل کرد از عراقم به شام خوش آمد در آن خاک پاکم مقام

مع‌القصه چندی ببودم مقیم به رنج و به راحت، به امید و بیم

دگر پر شد از شام پیمانه‌ام کشید آرزومندی خانه‌ام

قضا را چنان اتفاق اوفتاد که بازم گذر بر عراق اوفتاد

شبی سر فرو شد به اندیشه‌ام به دل برگذشت آن هنرپیشه‌ام

نمک ریش دیرینه‌ام تازه کرد که بودم نمک‌خورده از دست مرد

به دیدار وی در سپاهان شدم به مهرش طلبکار و خواهان شدم

جوان دیدم از گردش دهر، پیر خدنگش کمان، ارغوانش زریر

چو کوه سپیدش سر از برف موی دوان آبش از برف پیری به روی

فلک دست قوت بر او یافته سر دست مردیش برتافته

به در کرده گیتی غرور از سرش	سـر نـاتـوانـی بـه زانـو بـرش
بـدو گفتم ای سـرور شیرگیر	چه فرسوده کردت چو روباه پیر؟
بـخـنـدیـد کـز روز جـنـگ تتر	به در کردم آن جنگجویی ز سر
زمین دیدم از نیزه چون نیستان	گرفته علم‌هـا چـو آتـش در آن
برانگیختم گرد هیجا چو دود	چو دولت نباشد تهوّر چه سود؟
مـن آنـم کـه چـون حمله آوردمـی	به رمح از کف انگشتری بردمی
ولـی چـون نکرد اخترم یـاوری	گـرفتند گـردم چـو انگشتری
غنیمت شمـردم طریـق گریز	که نـادان کند بـا قضا پنجه تیز
چه یـاری کند مغفر و جوشنم	چو یـاری نکرد اختر روشنم؟
کلید ظفر چون نباشد به دست	به بـازو در فتح نتوان شکست
گـروهـی پلـنگ‌افـکن پـیـل‌زور	در آهـن سر مـرد و سـم سـتور
همـان‌دم که دیدیم گرد سپاه	زره جامه کـردیـم و مغفر کلاه
چو ابر اسب تـازی برانگیختیم	چو بـاران بـلارک فروریختیم
دو لشکر به هم برزدند از کمین	تو گفتی زدند آسمان بر زمین
ز بـاریـدن تـیـر همـچو تگرگ	به هر گوشه برخاست طوفان مرگ

۱۹۹

به صید هژبران پرخاش‌ساز / کمند اژدهای دهن کرده باز
زمین آسمان شد ز گرد کبود / چو انجم در او برق شمشیر و خود
سواران دشمن چو دریافتیم / پیاده سپر در سپر بافتیم
به تیر و سنان موی بشکافتیم / چو دولت نبد روی برتافتیم
چه زور آورد پنجهٔ جهد مرد / چو بازوی توفیق یاری نکرد؟
نه شمشیر گندآوران کند بود / که کین‌آوری ز اختر تند بود
کس از لشکر ما ز هیجا برون / نیامد جز آغشته خفتان به خون
چو صد دانه مجموع در خوشه‌ای / فتادیم هر دانه‌ای گوشه‌ای
به نامردی از هم بدادیم دست / چو ماهی که با جوشن افتد به شست
کسان را نشد ناوک اندر حریر / که گفتم بدوزند سندان به تیر
چو طالع ز ما روی بر پیچ بود / سپر پیش تیر قضا هیچ بود
از این بوالعجب‌تر حدیثی شنو / که بی‌بخت کوشش نیرزد دو جو

حکایت

یکی آهنین‌پنجه در اردبیل / همی بگذرانید بیلک ز بیل
نمدپوشی آمد به جنگش فراز / جوانی جهان‌سوز پیکارساز

به پرخاش جستن چو بهرام گور	کمندی به کتفش بر از خام گور
چو دید اردبیلی نمدپاره‌پوش	کمان در زه آورد و زه را به گوش
به پنجاه تیر خدنگش بزد	که یک چوبه بیرون نرفت از نمد
درآمد نمدپوش چون سام گرد	به خم کمندش درآورد و برد
به لشکرگهش برد و در خیمه دست	چو دزدان خونی به گردن ببست
شب از غیرت و شرمساری نخفت	سحرگه پرستاری از خیمه گفت
تو کآهن به ناوک بدوزی و تیر	نمدپوش را چون فتادی اسیر؟
شنیدم که می‌گفت و خون می‌گریست	ندانی که روز اجل کس نزیست؟
من آنم که در شیوهٔ طعن و ضرب	به رستم درآموزم آداب حرب
چو بازوی بختم قوی‌حال بود	ستبری بیلم نمد می‌نمود
کنونم که در پنجه اقبال نیست	نمد پیش تیرم کم از بیل نیست
به روز اجل نیزه جوشن درد	ز پیراهن بی‌اجل نگذرد
که را تیغ قهر اجل در قفاست	برهنه است اگر جوشنش چند لاست
ورش بخت یاور بود، دهر پشت	برهنه نشاید به ساطور کشت
نه دانا به سعی از اجل جان ببرد	نه نادان به ناساز خوردن بمرد

حکایت

شبی کُردی از درد پهلو نخفت / طبیبی در آن ناحیت بود و گفت
از این دست کاو برگ رز می‌خورد / عجب دارم ار شب به پایان برد
که در سینه پیکان تیر تتار / به از ثقل مأکول ناسازگار
گر افتد به یک لقمه در روده پیچ / همه عمر نادان برآید به هیچ
قضا را طبیب اندر آن شب بمرد / چهل سال از این رفت و زنده‌ست کُرد

حکایت

یکی روستایی سقط شد خرش / علم کرد بر تاک بستان سرش
جهان‌دیده پیری بر او برگذشت / چنین گفت خندان به ناطور دشت
مپندار جان پدر کاین حمار / کند دفع چشم بد از کشتزار
که این دفع چوب از سر و گوش خویش / نمی‌کرد تا ناتوان مرد و ریش
چه داند طبیب از کسی رنج برد / که بیچاره خواهد خود از رنج مرد؟

حکایت

شنیدم که دیناری از مفلسی / بیفتاد و مسکین بجستش بسی

به آخر سر ناامیدی بتافت
یکی دیگرش ناطلب‌کرده یافت

به بدبختی و نیک‌بختی قلم
بگردید و ما همچنان در شکم

نه روزی به سرپنجگی می‌خورند
که سرپنجگان تنگ‌روزی‌ترند

بسا چاره‌دانا به سختی بمرد
که بیچاره گوی سلامت ببرد

حکایت

فروکوفت پیری پسر را به چوب
بگفت ای پدر بی‌گناهم مکوب

توان بر تو از جور مردم گریست
ولی‌چون‌تو‌جور‌مکنی، چاره‌چیست؟

به داور خروش، ای خداوند هوش
نه از دست داور برآور خروش

حکایت

بلنداختری نام او بختیار
قوی‌دستگه بود و سرمایه‌دار

به کوی گدایان درش خانه بود
زرش همچو گندم به پیمانه بود

چو درویش بیند توانگر به ناز
دلش بیش سوزد به داغ نیاز

زنی جنگ پیوست با شوی خویش
شبانگه چو رفتش تهی‌دست، پیش

که‌کس چون تو بدبخت، درویش نیست
چو زنبور سرخت جز این نیش نیست

بیاموز مردی ز همسایگان
که آخر نی‌ام قحبهٔ رایگان

کسان را زر و سیم و ملک است و رخت
چرا همچو ایشان نه‌ای نیک‌بخت؟

برآورد صافی‌دل صوف‌پوش
چو طبل از تهیگاه خالی خروش

که من دست قدرت ندارم به هیچ
به سرپنجه دست قضا برمپیچ

نکردند در دست من اختیار
که من خویشتن را کنم بختیار

حکایت

یکی پیر درویش در خاک کیش
چه خوش گفت با همسر زشت خویش

چو دست قضا زشت‌رویت سرشت
میندای گلگونه بر روی زشت

که حاصل کند نیک‌بختی به زور؟
به سرمه که بینا کند چشم کور؟

نیاید نکوکاری از بدرگان
محال است دوزندگی از سگان

همه فیلسوفان یونان و روم
ندانند کرد انگبین از زقوم

ز وحشی نیاید که مردم شود
به سعی اندر او تربیت گم شود

کردن ز زنگ آینه‌توان پاک
ولیکن نیاید ز سنگ آینه

به کوشش نروید گل از شاخ بید
نه زنگی به گرمابه گردد سپید

چو رد می‌نگردد خدنگ قضا
سپر نیست مر بنده را جز رضا

حکایت

چنین گفت پیش زغن کرکسی که نَبوَد ز من دوربین‌تر کسی
زغن گفت: از این در نشاید گذشت بیا تا چه بینی بر اطراف دشت
شنیدم که مقدار یک‌روزه راه بکرد از بلندی به پستی نگاه
چنین گفت: دیدم گرت باور است که یک دانه گندم به هامون بر است
زغن را نماند از تعجب شکیب ز بالا نهادند سر در نشیب
چو کرکس بر دانه آمد فراز گره شد بر او پای‌بندی دراز
ندانست از آن دانه‌ای خوردنش که دهر افکند دام در گردنش
نه آبستن دُر بود هر صدف نه هر بار شاطر زند بر هدف
زغن گفت: از آن دانه دیدن چه سود چو بینایی دام خصمت نبود؟
شنیدم که می‌گفت و گردن به بند نباشد حذر با قدر سودمند
اجل چون به خونش برآورد دست قضا چشم باریک‌بینش ببست
در آبی که پیدا نگردد کنار غرور شناور نیاید به کار

حکایت

چه خوش گفت شاگرد منسوج‌باف   چو عنقا برآورد و پیل و زراف
مرا صورتی برنیاید ز دست   که نقشش معلم ز بالا نبست
گرت صورت حال بد یا نکوست   نگارندهٔ دست تقدیر، اوست
در این نوعی از شرک پوشیده هست   که زیدم بیازرد و عمروم بخست
گرت دیده بخشد خداوند امر   نبینی دگر صورت زید و عمرو
نپندارم ار بنده دم درکشد   خدایش به روزی قلم درکشد
جهان‌آفرینت گشایش دهاد   که گر وی ببندد که داند گشاد

حکایت

شتربچه با مادر خویش گفت   بس از رفتن، آخر زمانی بخفت
بگفت: ار به دست منستی مهار   ندیدی کسم بارکش در قطار
قضا کشتی آنجا که خواهد برد   وگر ناخدا جامه بر تن درد
مکن سعدیا دیده بر دست کس   که بخشنده پروردگار است و بس
اگر حق‌پرستی ز درها بست   که گر وی براند نخواند کست

گر او تاجدارت کند سر برآر		وگرنه سر ناامیدی بخار

***

عبادت به اخلاص نیت نکوست		وگرنه چه آید ز بی‌مغز پوست؟

چه زُنّار مغ در میانت، چه دلق		که در پوشی از بهرِ پندار خلق

مکن گفتمت مردی خویش فاش		چو مردی نمودی، مخنث مباش

به اندازهٔ بود، باید نمود		خجالت نبرد، آن که ننمود و بود

که چون عاریت برکنند از سرش		نماید کهن‌جامه‌ای در برش

اگر کوتهی، پای چوبین مبند		که در چشم طفلان نمایی بلند

وگر نقره‌اندوده باشد نحاس		توان خرج کردن بر ناشناس

منه جان من آب زر بر پشیز		که صراف دانا نگیرد به چیز

زراندودگان را به آتش برند		پدید آید آن‌گه که مس یا زرند

***

ندانی که بابای کوهی چه گفت		به مردی که ناموس را شب نخفت؟

برو جان بابا در اخلاص پیچ		که نتوانی از خلق رستن به هیچ

کسانی که فعلت پسندیده‌اند		هنوز از تو نقش برون دیده‌اند

چه قدر آورد بنده حوردیس / که زیر قبا دارد اندام پیس؟

نشاید به دستان شدن در بهشت / که بازت رود چادر از روی زشت

حکایت

شنیدم که نابالغی روزه داشت / به صد محنت آورد روزی به چاشت

به کتّابش آن روز سائق نبرد / بزرگ آمدش طاعت از طفلِ خرد

پدر دیده بوسید و مادر سرش / فشاندند بادام و زر بر سرش

چو بر وی گذر کرد یک نیمه روز / فتاد اندر او زآتش معده سوز

به دل گفت: اگر لقمه چندی خورم / چه داند پدر غیب یا مادرم؟

چو روی پسر در پدر بود و قوم / نهان خورد و پیدا به سر برد صوم

که داند چو در بند حق نیستی / اگر بی‌وضو در نماز ایستی؟

پس این پیر از آن طفل نادان‌تر است / که ازبهرِ مردم به طاعت در است

کلید در دوزخ است آن نماز / که در چشم مردم گزاری دراز

اگر جز به حق می‌رود جاده‌ات / در آتش فشانند سجاده‌ات

حکایت

سیه‌کاری از نردبانی فتاد / شنیدم که هم در نفس جان بداد
پسر چند روزی گرستن گرفت / دگر با حریفان نشستن گرفت
به خواب اندرش دید و پرسید حال / که چون رستی از حشر و نشر و سؤال؟
بگفت: ای پسر! قصه بر من مخوان / به دوزخ درافتادم از نردبان
نکوسیرتی بی‌تکلف برون / به از نیکنامی خراب اندرون
به نزدیک من شبرو راهزن / به از فاسق پارسا پیرهن
یکی بر در خلق رنج‌آزمای / چه مزدش دهد در قیامت خدای؟
ز عمرو ای پسر چشم اجرت مدار / چو در خانهٔ زید باشی به کار
نگویم تواند رسیدن به دوست / در این ره جز آن کس که رویش در اوست
ره راست رو تا به منزل رسی / تو در ره نه‌ای، زین قبل واپسی
چو گاوی که عصّار چشمش ببست / دوان تا به شب، شب همان جا که هست
کسی گر بتابد ز محراب روی / به کفرش گواهی دهند اهل کوی
تو هم پشت بر قبله‌ای در نماز / گرت در خدا نیست روی نیاز
درختی که بیخش بود برقرار / بپرور، که روزی دهد میوه بار

گرت بیخ اخلاص در بوم نیست   از این بر کسی چون تو محروم نیست
هر آن کافکند تخم بر روی سنگ   جوی وقت دخلش نیاید به چنگ
منه آبروی ریا را محل   که این آب در زیر دارد وحل
چو در خُفیه بد باشم و خاکسار   چه سود آب ناموس بر روی کار؟
به روی و ریا خرقه سهل است دوخت   گرش با خدا در توانی فروخت
چه دانند مردم که در جامه کیست؟   نویسنده داند که در نامه چیست
چه وزن آورد جایی انبان باد   که میزان عدل است و دیوان داد؟
مرائی که چندین ورع می‌نمود   بدیدند و هیچش در انبان نبود
کنند ابره پاکیزه‌تر ز آستر   که آن در حجاب است و این در نظر
بزرگان فراغ از نظر داشتند   از آن پرنیان آستر داشتند
ور آوازه خواهی در اقلیم فاش   برون حله کن، گو درون حشو باش
به بازی نگفت این سخن بایزید   که از منکر ایمن‌ترم کز مرید
کسانی که سلطان و شاهنشه‌اند   سراسر گدایان این درگه‌اند
طمع در گدا، مرد معنی نبست   نشاید گرفتن در افتاده دست
همان به گر آبستن گوهری   که همچون صدف سر به خود در بری

چو روی پرستیدنت در خداست — اگر جبرئیلت نبیند رواست
تو را پند سعدی بس است ای پسر — اگر گوش گیری چو پند پدر
گر امروز گفتار ما نشنوی — مبادا که فردا پشیمان شوی
از این به نصیحتگری بایدت — ندانم پس از من چه پیش آیدت!

باب ششم

در قناعت

خدا را ندانست و طاعت نکرد — که بر بخت و روزی قناعت نکرد
قناعت توانگر کند مرد را — خبر کن حریص جهانگرد را
سکونی به دست آور ای بی‌ثبات — که بر سنگ گردان نروید نبات
مپرور تن ار مرد رای و هشی — که او را چو می‌پروری می‌کشی
خردمند مردم، هنر پرورند — که تن‌پروران از هنر لاغرند
کسی سیرت آدمی گوش کرد — که اول سگ نفس خاموش کرد
خور و خواب تنها طریق دد است — بر این بودن آیین نابخرد است
خنک نیک‌بختی که در گوشه‌ای — به دست آرد از معرفت توشه‌ای
بر آنان که شد سر حق آشکار — نکردند باطل بر او اختیار
ولیکن چو ظلمت نداند ز نور — چه دیدار دیوش، چه رخسار حور
تو خود را از آن در چه انداختی — که چه را ز ره بازنشناختی
بر اوج فلک چون پرد جرّه‌باز — که در شهپرش بسته‌ای سنگ آز؟

گرش دامن از چنگ شهوت رها کنی، رفت تا سدره‌المنتهی
به کم کردن از عادت خویش خَورد توان خویشتن را ملک‌خوی کرد
کجا سیر وحشی رسد در ملک نشاید پرید از ثری بر فلک
نخست آدمی‌سیرتی پیشه کن پس آن‌گه ملک‌خویی اندیشه کن
تو بر کرّهٔ توسنی بر کمر نگر تا نپیچد ز حکم تو سر
که گر پالهنگ از کفت درگسیخت تن خویشتن کشت و خون تو ریخت
به اندازه خور زاد، اگر مردمی چنین پر شکم، آدمی یا خمی؟
درون جای قوت است و ذکر و نفس تو پنداری از بهرِ نان است و بس
کجا ذکر گنجد در انبان آز؟ به سختی نفس می‌کند پا دراز
ندارند تن‌پروران آگهی که پر معده باشد ز حکمت تهی
دو چشم و شکم پر نگردد به هیچ تهی بهتر این رودهٔ پیچ‌پیچ
چو دوزخ که سیرش کنند از وقید دگر بانگ دارد که هل من مزید؟
همی‌میردت عیسی از لاغری تو در بند آنی که خر پروری
به دین، ای فرومایه، دنیا مخر تو خر را به انجیل عیسی مخر
مگر می‌نبینی که دد را و دام نینداخت جز حرص خوردن به دام؟

پلنگی که گردن‌کشد بر وحوش
به دام افتد از بهرِ خوردن چو موش

چو موش آن که نان و پنیرش خوری
به دامش درافتی و تیرش خوری

حکایت

مرا حاجی‌ای شانهٔ عاج داد
که رحمت بر اخلاق حُجاج باد

شنیدم که باری سگم خوانده بود
که از من به نوعی دلش مانده بود

بینداختم شانه کاین استخوان
نمی‌بایدم، دیگرم سگ مخوان

مپندار چون سرکهٔ خود خورم
که جور خداوند حلوا برم

قناعت کن ای نفس بر اندکی
که سلطان و درویش بینی یکی

چرا پیش خسرو به خواهش روی
چو یک سو نهادی طمع، خسروی

وگر خودپرستی شکم طبله کن
در خانهٔ این و آن قبله کن

حکایت

یکی پر طمع پیش خوارزمشاه
شنیدم که شد بامدادی پگاه

چو دیدش به خدمت دوتا گشت و راست
دگر روی بر خاک مالید و خاست

پسر گفتش: ای بابک نامجوی
یکی مشکلت می‌بپرسم، بگوی

نگفتی که قبله است سوی حجاز / چرا کردی امروز از این سو نماز؟
مبر طاعت نفس شهوت‌پرست / که هر ساعتش قبله‌ای دیگر است
مبر ای برادر به فرمانش دست / که هر کس که فرمان نبردش برست
قناعت سرافرازد ای مرد هوش / سر پر طمع برنیاید ز دوش
طمع آبروی توقّر بریخت / برای دو جو دامنی دُر بریخت
چو سیراب خواهی شدن ز آب جوی / چرا ریزی از بهرِ برف آبروی؟
مگر از تنعم شکیبا شوی / وگرنه ضرورت به درها شوی
برو خواجه کوتاه کن دست آز / چه می‌بایدت ز آستین دراز؟
کسی را که درج طمع درنوشت / نباید به کس عبد و خادم نبشت
توقع براند ز هر مجلست / بران از خودش تا نراند کست

حکایت

یکی را تب آمد ز صاحب‌دلان / کسی گفت شکر بخواه از فلان
بگفت ای پسر تلخی مردنم / به از جور روی تُرُش بردنم
شکر عاقل از دست آن کس نخورد / که روی از تکبر بر او سرکه کرد

مرو از پی هرچه دل خواهدت	که تمکین تن نور جان کاهدت
کند مرد را نفس امّاره خوار	اگر هوشمندی عزیزش مدار
اگر هرچه باشد مرادت خوری	ز دوران بسی نامرادی بری
تنور شکم دمبه‌دم تافتن	مصیبت بود روز نایافتن
به تنگی بریزاندت روی رنگ	چو وقت فراخی کنی معده تنگ
کشد مرد پرخواره بار شکم	وگر درنیابد کشد بار غم
شکمبنده بسیار بینی خجل	شکم پیش من تنگ بهتر که دل

حکایت

چه آوردم از بصره دانی عجب	حدیثی که شیرین‌تر است از رطب
تنی چند در خرقهٔ راستان	گذشتیم بر طرف خرماستان
یکی در میان، معده انبار بود	ز پرخواری خویش، بس خوار بود
میان بست مسکین و شد بر درخت	وز آنجا به گردن درافتاد سخت
نه هر بار خرما توان خورد و برد	لت انبان بدعاقبت خورد و مرد
رئیس ده آمد که این را که کشت؟	بگفتم مزن بانگ بر ما درشت
شکم دامن اندر کشیدش ز شاخ	بود تنگدل رودگانی فراخ

شکم بند دست است و زنجیر پای	شکم‌بنده نادر پرستد خدای
سراسر شکم شد ملخ لاجرم	به پایش کشد مور کوچک شکم
برو اندرونی به دست آر، پاک	شکم پر نخواهد شد الّا به خاک

حکایت

شکم صوفیای را زبون کرد و فرج	دو دینار بر هر دوان کرد خرج
یکی گفتش از دوستان درنهفت	چه کردی بدین هر دو دینار؟ گفت
به دیناری از پشت راندم نشاط	به دیگر، شکم را کشیدم سماط
فرومایگی کردم و ابلهی	که این همچنان پر نشد وآن تهی
غذا گر لطیف است و گر سرسری	چو دیرت به دست اوفتد خوش خوری
سر آنگه به بالین نهد هوشمند	که خوابش به قهر آورد در کمند
مجال سخن تا نیابی مگوی	چو میدان نبینی نگه‌دار گوی
وز اندازه بیرون، مرو پیش زن	نه دیوانه‌ای تیغ بر خود مزن
به بی‌رغبتی شهوت انگیختن	به رغبت بود خون خود ریختن

حکایت

یکی نیشکر داشت بر طبقری — چپ و راست گردیده بر مشتری
به صاحب‌دلی گفت در کنج ده — که بستان و چون دست یابی بده
بگفت آن خردمند زیباسرشت — جوابی که بر دیده باید نبشت
تو را صبر بر من نباشد مگر — ولیکن مرا باشد از نیشکر
حلاوت ندارد شکر در نی‌اش — چو باشد تقاضای تلخ از پی‌اش

حکایت

یکی را ز مردان روشن‌ضمیر — امیر ختن داد طاقی حریر
ز شادی چو گلبرگ خندان شکفت — نپوشید و دستش ببوسید و گفت
چه خوب است تشریف میر ختن — وز او خوب‌تر خرقهٔ خویشتن
گر آزاده‌ای بر زمین خسب و بس — مکن بهر قالی زمین‌بوس کس

حکایت

یکی نان‌خورش جز پیازی نداشت — چو دیگر کسان برگ‌وسازی نداشت
کسی گفتش ای سغبهٔ خاکسار — برو طبخی از خوان یغما بیار

بخواه و مدار ای پسر شرم و باک	که مقطوع روزی بود شرمناک
قبا بست و چابک نوردید دست	قبایش دریدند و دستش شکست
همی‌گفت و بر خویشتن می‌گریست	که مر خویشتن کرده را چاره چیست؟
بلاجوی باشد گرفتار آز	من و خانه من بعد و نان و پیاز
جوینی که از سعی بازو خورم	به از میده بر خوان اهل کرم
چه دل‌تنگ خفت آن فرومایه دوش	که بر سفرهٔ دیگران داشت گوش

حکایت

یکی گربه در خانهٔ زال بود	که برگشته‌ایام و بدحال بود
دوان شد به مهمان‌سرای امیر	غلامان سلطان زدندش به تیر
چکان خونش از استخوان، می‌دوید	همی‌گفت و از هول جان می‌دوید
اگر جستم از دست این تیرزن	من و موش و ویرانهٔ پیرزن
نیرزد عسل، جان من، زخم نیش	قناعت نکوتر به دوشاب خویش
خداوند از آن بنده خرسند نیست	که راضی به قسم خداوند نیست

حکایت

یکی طفل دندان برآورده بود | پدر سر به فکرت فروبرده بود
که من نان و برگ از کجا آرمش؟ | مروّت نباشد که بگذارمش
چو بیچاره گفت این سخن، نزد جفت | نگر تا زن او را چه مردانه گفت
مخور هول ابلیس تا جان دهد | همان کس که دندان دهد نان دهد
تواناست آخر خداوند روز | که روزی رساند، تو چندین مسوز
نگارندهٔ کودک اندر شکم | نویسنده عمر و روزی است هم
خداوندگاری که عبدی خرید | بدارد، فکیف آن که عبد آفرید
تو را نیست این تکیه بر کردگار | که مملوک را بر خداوندگار

***

شنیدی که در روزگار قدیم | شدی سنگ در دست ابدال سیم
نپنداری این قول معقول نیست | چو قانع شدی سیم و سنگت یکی است
چو طفل اندرون دارد از حرص پاک | چه مشتی زرش پیش همّت چه خاک
خبر ده به درویش سلطان‌پرست | که سلطان ز درویش مسکین‌ترست
گدا را کند یک درم سیم سیر | فریدون به ملک عجم نیم‌سیر

نگهبانی ملک و دولت بلاست	گدا پادشاه است و نامش گداست
گدایی که بر خاطرش بند نیست	به از پادشاهی که خرسند نیست
بخسبند خوش روستایی و جفت	به ذوقی که سلطان در ایوان نخفت
اگر پادشاه است و گر پینه‌دوز	چو خفتند گردد شب هر دو روز
چو سیلاب خواب آمد و مرد بُرد	چه بر تخت سلطان، چه بر دشت، کُرد
چو بینی توانگر سر از کبر مست	برو شکر یزدان کن ای تنگدست
نداری بحمدالله آن دسترس	که برخیزد از دستت آزار کس

حکایت

شنیدم که صاحبدلی نیک‌مرد	یکی خانه بر قامت خویش کرد
کسی گفت می‌دانمت دسترس	کز این خانه بهتر کنی، گفت بس
چه می‌خواهم از طارم افراشتن؟	همینم بس ازبهرِ بگذاشتن
مکن خانه بر راه سیل، ای غلام	که کس را نگشت این عمارت تمام
نه از معرفت باشد و عقل و رای	که بر ره کند کاروانی سرای

حکایت

یکی سلطنتران صاحب‌شکوه — فروخواست رفت آفتابش به کوه

به شیخی در آن بقعه کشور گذاشت — که در دوره قائم‌مقامی نداشت

چو خلوت‌نشین کوس دولت شنید — دگر ذوق در کنج خلوت ندید

چپ و راست لشکر کشیدن گرفت — دل پردلان زو رمیدن گرفت

چنان سخت‌بازو شد و تیزچنگ — که با جنگجویان طلب کرد جنگ

ز قوم پراکنده خلقی بکشت — دگر جمع گشتند و همرای‌وپشت

چنان در حصارش کشیدند تنگ — که عاجز شد از تیرباران و سنگ

بر نیک‌مردی فرستاد کس — که صعبم فرومانده، فریادرس

به همّت مدد کن که شمشیر و تیر — نه در هر وغایی بود دستگیر

چو بشنید عابد بخندید و گفت — چرا نیم‌نانی نخورد و نخفت؟

ندانست قارون نعمت‌پرست — که گنج سلامت به کنج اندر است

کمال است در نفس مرد کریم — گرش زر نباشد چه نقصان و بیم؟

مپندار اگر سفله قارون شود — که طبع لئیمش دگرگون شود

وگر درنیابد کرم‌پیشه، نان — نهادش توانگر بود همچنان

مروّت زمین است و سرمایه زرع   بده کاصل خالی نماند ز فرع
خدایی که از خاک مردم کند   عجب باشد ار مردمی گم کند
ز نعمت نهادن بلندی مجوی   که ناخوش کند آب استاده بوی
به بخشندگی کوش کآب روان   به سیلش مدد می‌رسد ز آسمان
گر از جاه و دولت بیفتد لئیم   دگرباره نادر شود مستقیم
وگر قیمتی‌گوهری غم مدار   که ضایع نگرداندت روزگار
کلوخ ار چه افتاده بینی به راه   نبینی که در وی کند کس نگاه
وگر خردهٔ زر ز دندان گاز   بیفتد، به شمعش بجویند باز
به در می‌کنند آبگینه ز سنگ   کجا ماند آیینه در زیر زنگ؟
پسندیده و نغز باید خصال   که گاه آید و گه رود جاه و مال

حکایت

شنیدم ز پیران شیرین‌سخن   که بود اندر این شهر پیری کهن
بسی دیده شاهان و دوران و امر   سرآورده عمری ز تاریخ عمرو
درخت کهن میوه‌ای تازه داشت   که شهر از نکویی پرآوازه داشت

عجب در زنخدان آن دل‌فریب — که هرگز نبوده است بر سرو سیب

ز شوخی و مردم خراشیدنش — فرج دید در سر تراشیدنش

به موسی، کهن‌عمر کوته‌امید — سرش کرد چون دست موسی سپید

ز سرتیزی آن آهنین‌دل که بود — به عیب پری‌رخ زبان برگشود

به مویی که کرد از نکوییش کم — نهادند حالی سرش در شکم

چو چنگ از خجالت سر خوبروی — نگونسار و در پیشش افتاده موی

یکی را که خاطر در او رفته بود — چو چشمان دلبندش آشفته بود

کسی گفت جور آزمودی و درد — دگر گرد سودای باطل مگرد

ز مهرش بگردان چو پروانه پشت — که مقراض، شمع جمالش بکشت

برآمد خروش از هوادار چست — که تردامنان را بود عهد سست

پسر خوش‌منش باید و خوب‌روی — پدر گو به جهلش بینداز موی

مرا جان به مهرش برآمیخته است — نه خاطر به مویی در آویخته است

چو روی نکو داری اندُه مخَور — که موی ار بیفتد بروید دگر

نه پیوسته رز خوشهٔ تر دهد — گهی برگ ریزد، گهی بر دهد

بزرگان چو خور در حجاب اوفتند — حسودان چو اخگر در آب اوفتند

بـرون آیـد از زیـر ابـر آفتـاب / به تدریج و اخگر بمیرد در آب
ز ظلمت مترس ای پسندیده‌دوست / که ممکن بود کآب حیوان در اوست
نه گیتی پس از جنبش آرام یافت؟ / نه سعدی سفر کرد تا کام یافت؟
دل از بی‌مرادی به فکرت مسوز / شب آبستن است ای برادر به روز

باب هفتم

در عالم تربیت

سخن در صلاح است و تدبیر و خوی / نه در اسب و میدان و چوگان و گوی
تو با دشمـن نفس هم‌خانـه‌ای / چـه در بند پیکار بیگانه‌ای؟
عنان باز پیچان نفس از حرام / به مردی ز رستم گذشتند و سام
تو خود را چو کودک ادب کن به چوب / به گرز گران مغز مـردم مکوب
وجود تو شهری است پر نیک و بد / تو سلطان و دستور دانا خرد
رضـا و ورع؛ نیـک‌نامـان حر / هوی و هوس؛ رهـزن و کیسه‌بر
چو سلطان عنایت کند با بدان / کجا مـاند آسـایش بـخردان؟
تو را شهوت و حرص و کین و حسد / چو خون در رگانند و جان در جسد

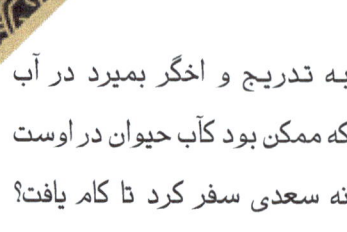

هوی و هوس را نماند ستیز	چو بینند سرپنجهٔ عقل تیز
رئیسی که دشمن سیاست نکرد	هم از دست دشمن ریاست نکرد
نخواهم در این نوع گفتن بسی	که حرفی بس ار کار بندد کسی

***

اگر پای در دامن آری چو کوه	سرت ز آسمان بگذرد در شکوه
زبان درکش ای مرد بسیاردان	که فردا قلم نیست بر بی‌زبان
صدف‌وار گوهرشناسان راز	دهان جز به لؤلؤ نکردند باز
فراوان سخن، باشد آکنده‌گوش	نصیحت نگیرد مگر در خموش
چو خواهی که گویی نفس بر نفس	حلاوت نیابی و گفتار کس
نباید سخن گفت، ناساخته	نشاید بریدن نینداخته
تأمل‌کنان در خطا و صواب	به از ژاژخایان حاضرجواب
کمال است در نفس انسان سَخُن	تو خود را به گفتار، ناقص مکن
کم‌آواز هرگز نبینی خجل	جوی مشک بهتر که یک توده گل
حذر کن ز نادان ده‌مرده‌گوی	چو دانا یکی گوی و پرورده گوی
صد انداختی تیر و هر صد خطاست	اگر هوشمندی یک انداز و راست

چرا گوید آن چیز در خُفیه مرد / که گر فاش گردد شود روی‌زرد؟
مکن پیش دیوار غیبت بسی / بود کز پسش گوش دارد کسی
درون دلت شهربند است راز / نگر تا نبیند در شهر باز
از آن مرد دانا دهان دوخته است / که بیند که شمع از زبان سوخته است

حکایت

تکش با غلامان یکی راز گفت / که این را نباید به کس باز گفت
به یک سالش آمد ز دل بر دهان / به یک روز شد منتشر در جهان
بفرمود جلاد را بی‌دریغ / که بردار سرهای اینان به تیغ
یکی زآن میان گفت و زنهار خواست / مکش بندگان کاین گناه از تو خاست
تو اول نبستی که سرچشمه بود / چو سیلاب شد پیش بستن چه سود؟
تو پیدا مکن راز دل بر کسی / که او خود نگوید بر هر کسی
جواهر به گنجینه‌داران سپار / ولی راز را خویشتن پاس دار
سخن تا نگویی بر او دست هست / چو گفته شود یابد او بر تو دست
سخن دیوبندی است در چاه دل / به بالای کام و زبانش مهل

توان باز دادن رهٔ نرّهٔ دیو ولی باز نتوان گرفتن به ریو
تو دانی که چون دیو رفت از قفس نیاید به لاحول کس باز پس
یکی طفل برگیرد از رخش بند نیاید به صد رستم اندر کمند
مگوی آن که گر بر ملا اوفتد وجودی از آن در بلا اوفتد
به دهقان نادان چه خوش گفت زن به دانش سخن گوی یا دم مزن
مگوی آنچه طاقت نداری شنود که جو کِشته، گندم نخواهی درود
چه نیکو زده است این مثل برهمن بود حرمت هر کس از خویشتن
چو دشنام گویی، دعا نشنوی به جز کشتهٔ خویشتن ندروی
مگوی و منه تا توانی قدم از اندازه بیرون وز اندازه کم
وگر تند باشی به یک بار و تیز جهان از تو گیرند راه گریز
نه کوتاه‌دستی و بیچارگی نه زجر و تطاول به یکبارگی

حکایت

یکی خوب‌خُلق و خَلَق‌پوش بود که در مصر یک چند خاموش بود
خردمندمردم ز نزدیک و دور به گردش چو پروانه، جویان نور
تفکر شبی با دل خویش کرد که پوشیده زیر زبان است مرد

اگر همچنین سر به خود دربرم — چه دانند مردم که دانشورم؟

سخن‌گفت‌و دشمن‌بدانست‌و دوست — که در مصر نادان‌تر از وی هم اوست

حضورش پریشان شد و کار زشت — سفر کرد و بر طاق مسجد نبشت

در آیینه گر خویشتن دیدمی — به بی‌دانشی پرده ندریدمی

چنین زشت از آن پرده برداشتم — که خود را نکوروی پنداشتم

کم‌آواز را باشد آوازه تیز — چو گفتی و رونق نماندت گریز

تو را خامشی، ای خداوند هوش — وقار است و نااهل را پرده‌پوش

اگر عالمی هیبت خود مبر — وگر جاهلی پردهٔ خود مدر

ضمیر دل خویش منمای زود — که هرگه که خواهی توانی نمود

ولیکن چو پیدا شود راز مرد — به کوشش نشاید نهان باز کرد

قلم سِرّ سلطان چه نیکو نهفت — که تا کارد بر سر نبودش نگفت

بهایم خموش‌اند و گویا بشر — زبان‌بسته بهتر که گویا به شر

چو مردم سخن گفت باید به هوش — وگرنه شدن چون بهایم خموش

به نطق است و عقل آدمی‌زاده فاش — چو طوطی سخنگوی نادان مباش

به نطق آدمی بهتر است از دواب — دواب از تو به، گر نگویی صواب

حکایت

یکی ناسزا گفت در وقت جنگ / گریبان دریدند وی را به چنگ
قفا خورده، عریان و گریان نشست / جهان‌دیده‌ای گفتش: ای خودپرست
چو غنچه گرت بسته بودی دهن / دریده ندیدی چو گل پیرهن
سراسیمه گوید سخن بر گزاف / چو طنبور بی‌مغز بسیار لاف
نبینی که آتش زبان است و بس / به آبی توان کشتنش در نفس؟
اگر هست مرد از هنر بهره‌ور / هنر خود بگوید، نه صاحب‌هنر
اگر مشک خالص نداری مگوی / ورت هست، خود فاش گردد به بوی
به سوگند گفتن که زر مغربی است / چه حاجت؟ محک خود بگوید که چیست
بگویند از این حرف‌گیران هزار / که سعدی نه اهل است و آمیزگار
روا باشد ار پوستینم درند / که طاقت ندارم که مغزم برند

حکایت

عضد را پسر سخت رنجور بود / شکیب از نهاد پدر دور بود
یکی پارسا گفتش از روی پند / که بگذار مرغان وحشی ز بند

قفس‌های مرغ سحرخوان شکست که در بند ماند چو زندان شکست؟

نگه داشت بر طاق بستان‌سرای یکی نامور بلبل خوش‌سرای

پسر صبحدم سوی بستان شتافت جز آن مرغ بر طاق ایوان نیافت

بخندید کای بلبل خوش‌نفس تو از گفت خود مانده‌ای در قفس

ندارد کسی با تو ناگفته کار ولیکن چو گفتی دلیلش بیار

چو سعدی که چندی زبان بسته بود ز طعن زبان‌آوران رسته بود

کسی گیرد آرام دل در کنار که از صحبت خلق گیرد کنار

مکن عیب خلق، ای خردمند، فاش به عیب خود از خلق مشغول باش

چو باطل سرایند مگمار گوش چو بی‌ستر بینی، بصیرت بپوش

بخش ۷

شنیدم که در بزم ترکان مست مریدی دف و چنگ مطرب شکست

چو چنگش کشیدند حالی به موی غلامان و چون دف زدندش به روی

شب از درد چوگان و سیلی نخفت دگر روز پیرش به تعلیم گفت

نخواهی که باشی چو دف روی‌ریش چو چنگ، ای برادر، سر انداز پیش

***

دو کس گرد دیدند و آشوب و جنگ	پراکنده نعلین و پرّنده سنگ
یکی فتنه دید از طرف برشکست	یکی در میان آمد و سر شکست
کسی خوش‌تر از خویشتن‌دار نیست	که با خوب و زشت کسش کار نیست
تو را دیده در سر نهادند و گوش	دهان جای گفتار و دل جای هوش
مگر بازدانی نشیب از فراز	نگویی که این کوته است، آن دراز

حکایت

چنین گفت پیری پسندیده‌هوش	خوش آید سخن‌های پیران به گوش
که در هند رفتم به کنجی فراز	چه دیدم؟ چو یلدا سیاهی دراز
تو گفتی که عفریت بلقیس بود	به زشتی نمودار ابلیس بود
در آغوش وی دختری چون قمر	فروبرده دندان به لبهاش در
چنان تنگش آورده اندر کنار	که پنداری «اللیل یغشی النهار»
مرا امر معروف، دامن گرفت	فضول آتشی گشت و در من گرفت
طلب کردم از پیش و پس چوب و سنگ	که ای ناخداترس بی‌نام و ننگ

به تشنیع و دشنام و آشوب و زجر	سپید از سیه فرق کردم چو فجر
شد آن ابر ناخوش ز بالای باغ	پدید آمد آن بیضه از زیر زاغ
ز لاحولم آن دیوهیکل بجست	پری‌پیکر اندر من آویخت دست
که ای زرق‌سجادهٔ دلق‌پوش	سیه‌کار دنیاخر دین‌فروش
مرا عمرها دل ز کف رفته بود	بر این شخص و جان بر وی آشفته بود
کنون پخته شد لقمهٔ خام من	که گرمش به در کردی از کام من
تظلّم برآورد و فریاد خواند	که شفقت برافتاد و رحمت نماند
نماند از جوانان کسی دستگیر	که بستاندم داد از این مرد پیر؟
که شرمش نیاید ز پیری همی	زدن دست در ستر نامحرمی
همی‌کرد فریاد و دامن به چنگ	مرا مانده سر در گریبان ز ننگ
فروگفت عقلم به گوش ضمیر	که از جامه بیرون روم همچو سیر
نه خصمی که با او برآیی به داو	بگرداندت گرد گیتی به گاو
برهنه دوان رفتم از پیش زن	که در دست او جامه بهتر که من
پس از مدتی کرد بر من گذار	!که می‌دانی‌ام؟ گفتمش زینهار
که من توبه کردم به دست تو بر	که گرد فضولی نگردم دگر

کسی را نیاید چنین کار پیش — که عاقل نشیند پس کار خویش
از آن شنعت این پند برداشتم — دگر دیده نادیده انگاشتم
زبان درکش ار عقل داری و هوش — چو سعدی سخن گوی ور نه خموش

حکایت

یکی پیش داود طائی نشست — که دیدم فلان صوفی افتاده مست
قی‌آلوده دستار و پیراهنش — گروهی سگان حلقه پیرامنش
چو پیر از جوان این حکایت شنید — به آزار از او روی درهم کشید
زمانی برآشفت و گفت: ای رفیق — به کار آید امروز یار شفیق
برو زآن مقام شنیعش بیار — که در شرع نهی است و در خرقه عار
به پشتش درآور چو مردان که مست — عنان سلامت ندارد به دست
نیوشنده شد زین سخن تنگ‌دل — به فکرت فرورفت چون خر به گل
نه زهره که فرمان نگیرد به گوش — نه یارا که مست اندرآرد به دوش
زمانی بپیچید و درمان ندید — ره سر کشیدن ز فرمان ندید
میان بست و بی‌اختیارش به دوش — درآورد و شهری بر او عام جوش
یکی طعنه می‌زد که درویش بین — !زهی پارسایان پاکیزه دین

یکی، صوفیان بین که می خورده‌اند	مرقّع به سیکی گرو کرده‌اند
اشارت‌کنان این و آن را به دست	که آن سرگران است و این نیم‌مست
به گردن بر از جور دشمن حسام	به از شنعت شهر و جوش عوام
بلا دید و روزی به محنت گذاشت	به ناکام بردش به جایی که داشت
شب از فکرت و نامرادی نخفت	دگر روز پیرش به تعلیم گفت
مریز آبروی برادر به کوی	که دهرت نریزد به شهر آبروی
بد اندر حق مردم نیک و بد	مگوی ای جوانمرد صاحب‌خرد
که بدمرد را خصم خود می‌کنی	وگر نیک‌مردست بد می‌کنی
تو را هر که گوید فلان کس بد است	چنان دان که در پوستین خَود است
که فعل فلان را بباید بیان	وز این فعل بد می‌برآید عیان
به بد گفتن خلق چون دم زدی	اگر راست گویی سخن هم، بدی
زبان کرد شخصی به غیبت دراز	بدو گفت داننده‌ای سرفراز
که یاد کسان پیش من بد مکن	مرا بدگمان در حق خود مکن
گرفتم ز تمکین او کم ببود	نخواهد به جاه تو اندر فزود
کسی گفت و پنداشتم طیبت است	که دزدی بسامان‌تر از غیبت است

بدو گفتم: ای یار آشفته‌هوش
شگفت آمد این داستانم به گوش

به ناراستی در چه بینی بهی
که بر غیبتش مرتبت می‌نهی؟

بلی گفت: دزدان تهور کنند
به بازوی مردی، شکم پر کنند

ز غیبت چه می‌خواهد آن ساده‌مرد
!که دیوان سیه کرد و چیزی نخورد

حکایت

مرا در نظامیه ادرار بود
شب و روز تلقین و تکرار بود

مر استاد را گفتم ای پر خرد
فلان یار بر من حسد می‌برد

چو من داد معنی دهم در حدیث
برآید به هم اندرون خبیث

شنید این سخن پیشوای ادب
!به تندی برآشفت و گفت: ای عجب

حسودی پسندت نیامد ز دوست
که معلوم کردت که غیبت نکوست؟

گر او راه دوزخ گرفت از خسی
از این راه دیگر تو در وی رسی

حکایت

کسی گفت حَجّاج خون‌خواره‌ای است
دلش همچو سنگ سیه‌پاره‌ای است

نترسد همی زآه و فریاد خلق
خدایا تو بستان از او داد خلق

جهان‌دیده‌ای پیر دیرینه‌زاد   جوان را یکی پند پیرانه داد
کز او داد مظلوم مسکین او   بخواهند و از دیگران کین او
تو دست از وی و روزگارش بدار   که خود زیردستش کند روزگار
نه بیداد از او بهره‌مند آیدم   نه نیز از تو غیبت پسند آیدم
به دوزخ برد مدبری را گناه   که پیمانه پر کرد و دیوان سیاه
دگر کس به غیبت پی‌اش می‌دود   مبادا که تنها به دوزخ رود

حکایت

شنیدم که از پارسایان یکی   به طیبت بخندید با کودکی
دگر پارسایان خلوت‌نشین   به عیبش فتادند در پوستین
به آخر نماند این حکایت نهفت   به صاحب‌نظر بازگفتند و گفت
مدر پرده بر یار شوریده‌حال   !نه طیبت حرام است و غیبت حلال

حکایت

به طفلی درم رغبت روزه خاست   ندانستمی چپ کدام است و راست
یکی عابد از پارسایان کوی   همی شستن آموختم دست و روی

که بسم الله اول به سنت بگوی　　دوم نیت آور، سوم کف بشوی
پس آن‌گه دهن شوی و بینی سه بار　　مناخر به انگشت کوچک بخار
به سبابه، دندان پیشین بمال　　که نهی است در روزه بعد از زوال
وزآن پس سه مشت آب بر روی زن　　ز رستنگه موی سر تا ذَقَن
دگر دست‌ها تا به مِرفَق بشوی　　ز تسبیح و ذکر آنچه دانی بگوی
دگر مسح سر، بعد از آن غسل پای　　همین است و ختمش به نام خدای
کس از من نداند در این شیوه به　　نبینی که فرتوت شد پیر ده؟
بگفتند با دهخدای آنچه گفت　　فرستاد پیغامش اندرنهفت
که ای زشت‌کردار زیباسخن　　نخست آنچه گویی به مردم، بکن
نه مسواک در روزه گفتی خطاست　　بنی‌آدم مرده خوردن رواست؟
دهن‌گو ز ناگفتنی‌ها نخست　　بشوی آن که از خوردنی‌ها بشست

***

کسی را که نام آمد اندر میان　　به نیکوترین نام و نعتش بخوان
چو همواره گویی که مردم خرند　　مبر ظن که نامت چو مردم برند
چنان گوی سیرت به کوی اندرم　　که گفتن توانی به روی اندرم

وگر شرمت از دیدهٔ ناظر است | نه ای بی‌بصر، غیب‌دان حاضر است؟
نیاید همی شرمت از خویشتن | کز او فارغ و شرم داری ز من؟

حکایت

طریقت‌شناسان ثابت‌قدم | به خلوت نشستند چندی به هم
یکی زان میان غیبت آغاز کرد | در ذکر بیچاره‌ای باز کرد
کسی گفتش ای یار شوریده‌رنگ | تو هرگز غزا کرده‌ای در فرنگ؟
بگفت از پس چار دیوار خویش | همه عمر ننهاده‌ام پای پیش
چنین گفت درویش صادق‌نفس | ندیدم چنین بخت‌برگشته کس
که کافر ز پیکارش ایمن نشست | مسلمان ز جور زبانش نرست
چه خوش گفت دیوانهٔ مرغزی | حدیثی کز او لب به دندان گزی
من ار نام مردم به زشتی برم | نگویم به‌جز غیبت مادرم
که دانند پروردگان خرد | که طاعت همان به که مادر برد
رفیقی که غایب شد ای نیکنام | دو چیزست از او بر رفیقان حرام
یکی آن که مالش به باطل خورند | دوم آن که نامش به غیبت برند

۲۳۹

هر آن کو برد نام مردم به عار　　　تو خیر خود از وی توقع مدار

که اندر قفای تو گوید همان　　　که پیش تو گفت از پس مردمان

کسی پیش من در جهان عاقل است　　　که مشغول خود وز جهان غافل است

حکایت

سه کس را شنیدم که غیبت رواست　　　وز این درگذشتی، چهارم خطاست

یکی پادشاهی ملامت‌پسند　　　کز او بر دل خلق بینی گزند

حلال است از او نقل کردن خبر　　　مگر خلق باشند از او بر حذر

دوم پرده بر بی‌حیایی متن　　　که خود می‌درد پرده بر خویشتن

ز حوضش مدار ای برادر نگاه　　　که او می‌درافتد به گردن به چاه

سوم کژترازوی ناراست‌خوی　　　ز فعل بدش هرچه دانی بگوی

حکایت

شنیدم که دزدی درآمد ز دشت　　　به دروازهٔ سیستان برگذشت

بدزدید بقال از او نیمدانگ　　　برآورد دزد سیه‌کار بانگ

خدایا تو شبرو به آتش مسوز　　　که ره می‌زند سیستانی به روز

حکایت

یکی گفت با صوفی‌ای در صفا
ندانی فلانت چه گفت از قفا

بگفتا خموش، ای برادر، بخفت
ندانسته بهتر که دشمن چه گفت

کسانی که پیغام دشمن برند
ز دشمن همانا که دشمن‌ترند

کسی قول دشمن نیارد به دوست
جز آن کس که در دشمنی یار اوست

نیارست دشمن جفا گفتنم
چنان کز شنیدن بلرزد تنم

تو دشمن‌تری کآوری بر دهان
که دشمن چنین گفت اندر نهان

سخن‌چین کند تازه جنگ قدیم
به خشم آورد نیک‌مرد سلیم

از آن همنشین تا توانی گریز
که مر فتنهٔ خفته را گفت: خیز

سیه‌چال و مرد اندر او بسته پای
به از فتنه از جای بردن به جای

میان دو تن جنگ چون آتش است
سخن‌چین بدبخت هیزم‌کش است

حکایت

فریدون وزیری پسندیده داشت
که روشن دل و دوربین دیده داشت

رضای حق اول نگه داشتی
دگر پاس فرمان شه داشتی

نهد عامل سفله بر خلق رنج / که تدبیر ملک است و توفیر گنج
اگر جانب حق نداری نگاه / گزندت رساند هم از پادشاه
یکی رفت پیش ملک بامداد / که هر روزت آسایش و کام باد
غرض مشنو از من، نصیحت پذیر / تو را در نهان دشمن است این وزیر
کس از خاص لشکر نمانده است و عام / که سیم و زر از وی ندارد به وام
به شرطی که چون شاه گردن‌فراز / بمیرد، دهند آن زر و سیم باز
نخواهد تو را زنده این خودپرست / مبادا که نقدش نیاید به دست
یکی سوی دستور دولت‌پناه / به چشم سیاست نگه کرد شاه
که در صورت دوستان پیش من / به خاطر چرایی بداندیش من؟
زمین پیش تختش ببوسید و گفت / نشاید چو پرسیدی اکنون نهفت
چنین خواهم ای نامور پادشاه / که باشند خلقت همه نیکخواه
چو مرگت بود وعدهٔ سیم من / بقا بیش خواهندت از بیم من
نخواهی که مردم به صدق و نیاز / سرت سبز خواهند و عمرت دراز؟
غنیمت شمارند مردان دعا / که جوشن بود پیش تیر بلا
پسندید از او شهریار آنچه گفت / گل رویش از تازگی برشکفت

ز قدر و مکانی که دستور داشت
مکانش بیفزود و قدرش فراشت

بداندیش را زجر و تأدیب کرد
پشیمانی از گفتهٔ خویش خورد

ندیدم ز غمّاز سرگشته‌تر
نگون‌طالع و بخت‌برگشته‌تر

ز نادانی و تیره‌رایی که اوست
خلاف افکند در میان دو دوست

کنند این و آن خوش دگرباره دل
وی اندر میان کوربخت و خجل

میان دو کس آتش افروختن
نه عقل است و خود در میان سوختن

چو سعدی کسی ذوق خلوت چشید
که از هر که عالم زبان درکشید

بگوی آنچه دانی سخن سودمند
وگر هیچ‌کس را نیاید پسند

که فردا پشیمان برآرد خروش
که آوَخ چرا حق نکردم به گوش؟

***

زن خوب فرمان‌بر پارسا
کند مرد درویش را پادشا

برو پنج نوبت بزن بر درت
چو یاری موافق بود در برت

همه روز اگر غم خوری، غم مدار
چو شب غمگسارت بود در کنار

که را خانه آباد و همخوابه دوست
خدا را به رحمت نظر سوی اوست

چو مستور باشد زن و خوب‌روی
به دیدار او در بهشت است شوی

کسی برگرفت از جهان کام دل … که یکدل بود با وی آرام دل
اگر پارسا باشد و خوش‌سخن … نگه در نکویی و زشتی مکن
زن خوش‌منش دل‌نشان‌تر که خوب … که آمیزگاری بپوشد عیوب
ببرد از پری‌چهرهٔ زشت‌خوی … زن دیوسیمای خوش‌طبع، گوی
چو حلوا خورد سرکه از دست شوی … نه حلوا خورد سرکه اندوده روی
دلارام باشد زن نیک‌خواه … ولیکن زن بد، خدایا پناه
چو طوطی کلاغش بود همنفس … غنیمت شمارد خلاص از قفس
سر اندر جهان نِه به آوارگی … وگرنه بنه دل به بیچارگی
تهی پای رفتن، به از کفش تنگ … بلای سفر به که در خانه جنگ
به زندان قاضی گرفتار به … که در خانه دیدن بر ابرو گره
سفر عید باشد بر آن کدخدای … که بانوی زشتش بود در سرای
در خرّمی بر سرایی ببند … که بانگ زن از وی برآید بلند
چو زن راه بازار گیرد بزن … وگرنه تو در خانه بنشین چو زن
اگر زن ندارد سوی مرد گوش … سراویل کحلیش در مرد پوش
زنی را که جهل است و ناراستی … بلا بر سر خود نه زن خواستی

چو در کیله یک جو امانت شکست
از انبار گندم فرو شوی دست

بر آن‌بنده حق، نیکویی خواسته‌است
که با او دل و دست زن راست است

چو در روی بیگانه خندید زن
دگر مرد گو لاف مردی مزن

زن شوخ چون دست در قلیه کرد
برو گو بنه پنجه بر روی مرد

ز بیگانگان چشم زن کور باد
چو بیرون شد از خانه در گور باد

چو بینی که زن پای بر جای نیست
ثبات از خردمندی و رای نیست

گریز از کَفش در دهان نهنگ
که مردن به از زندگانی به ننگ

بپوشانش از چشم بیگانه روی
وگر نشنود، چه زن آن‌گه چه شوی

زن خوب خوش‌طبع، رنج است و بار
رها کن زن زشت ناسازگار

چه نغز آمد این یک سخن زآن دو تن
که بودند سرگشته از دست زن

یکی گفت: کس را زن بد مباد
دگر گفت: زن در جهان خود مباد

زن نو کن ای دوست هر نوبهار
که تقویم پاری نیاید به کار

کسی را که بینی گرفتار زن
مکن سعدیا، طعنه بر وی مزن

تو هم جور بینی و بارش کشی
اگر یک سحر در کنارش کشی

حکایت

جوانی ز ناسازگاریِ جُفت
بَرِ پیرمردی بنالید و گفت

گران‌باری از دست این خصمِ چیر
چنان می‌برم کآسیاسنگِ زیر

به سختی بنه گفتش، ای خواجه، دل
کس از صبر کردن نگردد خجل

به شب سنگ بالایی، ای خانه‌سوز
چرا سنگ زیرین نباشی به روز؟

چو از گُلبنی دیده باشی خوشی
روا باشد اَر بارِ خارش کِشی

درختی که پیوسته بارَش خوری
تحمل کن آن‌گه که خارَش خوری

***

پسر چون ز دَه بر گذشتش سنین
ز نامحرمان گو فراتر نشین

بر پنبه آتش نشاید فروخت
که تا چشم بر هم زنی خانه سوخت

چو خواهی که نامت بماند به جای
پسر را خردمندی آموز و رای

که گر عقل و طبعش نباشد بسی
بمیری و از تو نماند کسی

بسا روزگارا که سختی برد
پسر چون پدر نازکش پرورد

خردمند و پرهیزگارش برآر
گرش دوست داری به نازش مدار

به خردی درش زجر و تعلیم کن
به نیک و بدش وعده و بیم کن

نوآموز را ذکر و تحسین و زه	ز توبیخ و تهدید استاد به
بیاموز پرورده را دسترنج	وگر دست داری چو قارون به گنج
مکن تکیه بر دستگاهی که هست	که باشد که نعمت نماند به دست
به پایان رسد کیسهٔ سیم و زر	نگردد تهی کیسهٔ پیشه‌ور
چه دانی که گردیدن روزگار	به غربت بگرداندش در دیار
چو بر پیشه‌ای باشدش دسترس	کجا دست حاجت برد پیش کس؟
ندانی که سعدی مراد از چه یافت؟	نه هامون نوشت و نه دریا شکافت
به خردی بخورد از بزرگان قفا	خدا دادش اندر بزرگی صفا
هر آن کس که گردن به فرمان نهد	بسی برنیاید که فرمان دهد
هر آن طفل کاو جور آموزگار	نبیند، جفا بیند از روزگار
پسر را نکو دار و راحت رسان	که چشمش نماند به دست کسان
هر آن کس که فرزند را غم نخورد	دگر کس غمش خورد و بدنام کرد
نگه‌دار از آمیزگار بدش	که بدبخت و بی‌ره کند چون خودش

حکایت

شبی دعوتی بود در کوی من | ز هر جنس مردم در او انجمن
چو آواز مطرب در آمد ز کوی | به گردون شد از عاشقان های‌وهوی
پری‌چهره‌ای بود محبوب من | بدو گفتم: ای لعبت خوب من
چرا با رفیقان نیایی به جمع | که روشن کنی بزم ما را چو شمع؟
شنیدم سهی‌قامت سیمتن | که می‌رفت و می‌گفت با خویشتن
محاسن چو مردان ندارم به دست | نه مردی بود پیش مردان نشست
سیه‌نامه‌تر زآن مخنث مخواه | که پیش از خطش روی گردد سیاه
از آن بی‌حمیت بباید گریخت | که نامردی‌اش آب مردان بریخت
پسر کاو میان قلندر نشست | پدر گو ز خیرش فروشوی دست
دریغش مخور بر هلاک و تلف | که پیش از پدر مرده به ناخلف

***

خرابت کند شاهد خانه کن | برو خانه آباد گردان به زن
نشاید هوس باختن با گلی | که هر بامدادش بود بلبلی
چو خود را به هر مجلسی شمع کرد | تو دیگر چو پروانه گردش مگرد

زن خـوب خـوش‌خـوی آراسـتـه / چـه مـانـد بـه نـادان نـوخـاسـتـه؟
در او دم چو غنچه، دمی از وفا / که از خنده افتد چو گل در قفا
نه چون کودک پیچ‌برپیچ شنگ / که چون مقل نتوان شکستن به‌سنگ
مبین دلفریبش چو حور بهشت / کز آن روی دیگر چو غول است زشت
گرش پای بوسی، نداردت پاس / ورش خاک باشی نداند سپاس
سر از مغز و دست از درم کن تهی / چو خاطر به فرزند مـردم نهی
مکن بـد بـه فـرزنـد مــردم نگاه / کـه فـرزنـد خـویشـت بـرآیـد تباه

حکایت

در این شهر، باری به سمعم رسید / کـه بـازارگـانـی غـلامـی خریـد
شبانگه مگر دست بردش به سیب / که سیمین‌زنخ بود و خاطرفریب
پری‌چهره هرچ اوفتادش به دست / یکی در سر و مغز خواجه شکست
نه هرجا که بینی خطی دلفریب / توانی طمع کردنش در کتیب
گوا کرد بر خود خدای و رسول / که دیگر نگردم به گرد فضول
رحیل آمدش هم در آن هفته پیش / دل افگار و سر بسته و روی ریش

چو بیرون شد از کازرون یک دو میل / به پیش آمدش سنگلاخی مهیل
بپرسید کاین قله را نام چیست؟ / که بسیار بیند عجب هر که زیست
چنین گفتش از کاروان همدمی / مگر تنگ ترکان ندانی همی
برنجید چون تنگ ترکان شنید / تو گفتی که دیدار دشمن بدید
سیه را یکی بانگ برداشت سخت / که دیگر مران خر، بینداز رخت
نه عقل است و نه معرفت یک جوَم / اگر من دگر تنگ ترکان روم
در شهوت نفس کافر ببند / وگر عاشقی لت خور و سر ببند
چو مر بنده‌ای را همی‌پروری / به هیبت برآرش کز او برخوری
وگر سیدش لب به دندان گزد / دماغ خداوندگاری پزد
غلام آبکش باید و خشت‌زن / بود بندهٔ نازنین مشت‌زن

***

گروهی نشینند با خوش‌پسر / که ما پاک‌بازیم و صاحب‌نظر
ز من پرس فرسودهٔ روزگار / که بر سفره حسرت خورد روزه‌دار
از آن تخم خرما خورد گوسپند / که قفل است بر تنگ خرما و بند
سر گاو عصّار از آن در کَه است / که از کنجدش ریسمان کوته است

حکایت

یکی صورتی دید صاحب‌جمال
بگردیدش از شورش عشق، حال

بر انداخت بیچاره چندان عرق
که شبنم بر اردیبهشتی ورق

گذر کرد بقراط بر وی سوار
بپرسید کاین را چه افتاده کار؟

کسی گفتش این عابدی پارساست
که هرگز خطایی ز دستش نخاست

رود روز و شب در بیابان و کوه
ز صحبت گریزان، ز مردم ستوه

ربوده‌ست خاطرفریبی دلش
فرورفته پای نظر در گلش

چو آید ز خلقش ملامت به گوش
بگرید که چند از ملامت؟ خموش

مگوی ار بنالم که معذور نیست
که فریادم از علتی دور نیست

نه این نقش دل می‌رباید ز دست
دل آن می‌رباید که این نقش بست

شنید این سخن مرد کارآزمای
کهن‌سال پروردهٔ پخته‌رای

بگفت ار چه صیت نکویی رود
نه با هر کسی هرچه گویی رود

نگارنده را خود همین نقش بود
که شوریده را دل به یغما ربود؟

چرا طفل یک‌روزه هوشش نبرد؟
که در صنع دیدن چه بالغ چه خرد

محقق همان بیند اندر اِبل
که در خوبرویان چین و چگِل

نقابی است هر سطر من زین کتیب / فروهشته بر عارضی دل‌فریب
معانی است در زیر حرف سیاه / چو در پرده معشوق و در میغ ماه
در اوراق سعدی نگنجد ملال / که دارد پس پرده چندین جمال
مرا کاین سخن‌هاست مجلس‌فروز / چو آتش در او روشنایی و سوز
نرنجم ز خصمان اگر بر تپند / کز این آتش پارسی در تبند

***

اگر در جهان از جهان رسته‌ای است / در از خلق بر خویشتن بسته‌ای است
کس از دست جور زبان‌ها نرست / اگر خودنمای است و گر حق‌پرست
اگر برپری چون ملک زآسمان / به دامن در آویزدت بدگمان
به کوشش توان دجله را پیش بست / نشاید زبان بداندیش بست
فرا هم نشینند تردامنان / که این زهد خشک است و آن دام نان
تو روی از پرستیدن حق مپیچ / بهل تا نگیرند خلقت به هیچ
چو راضی شد از بنده یزدان پاک / گر اینها نگردند راضی چه باک؟
بداندیش خلق از حق آگاه نیست / ز غوغای خلقش به حق راه نیست
از آن ره به جایی نیاورده‌اند / که اول قدم پی غلط کرده‌اند

دو کس بر حدیثی گمارند گوش
از این تا بدان، ز اهرمن تا سروش

یکی پند گیرد، دگر ناپسند
نپردازد از حرف‌گیری به پند

فرومانده در کنج تاریک جای
چه دریابد از جام گیتی‌نمای؟

مپندار اگر شیر و گر روبهی
کز اینان به مردی و حیلت رهی

اگر کنج خلوت گزیند کسی
که پروای صحبت ندارد بسی

مذمّت کنندش که زرق است و ریو
ز مردم چنان می‌گریزد که دیو

وگر خنده‌روی است و آمیزگار
عفیفش ندانند و پرهیزگار

غنی را به غیبت بکاوند پوست
که فرعون اگر هست در عالم اوست

وگر بینوایی بگرید به سوز
نگون‌بخت خوانندش و تیره‌روز

وگر کامرانی درآید ز پای
غنیمت شمارند و فضل خدای

که تا چند از این جاه و گردن‌کشی؟
خوشی را بود در قفا ناخوشی

و گر تنگ‌دستی تُنُک‌مایه‌ای
سعادت بلندش کند پایه‌ای

بخایندش از کینه دندان به زهر
که دون‌پرور است این فرومایه دهر

چو بینند کاری به دستت در است
حریصت شمارند و دنیاپرست

وگر دست همّت بداری ز کار
گداپیشه خوانندت و پخته‌خوار

اگـر نـاطـقـی، طـبـل پُـر یـاوه‌ای   وگـر خـامـشـی، نـقـش گـرمـاوه‌ای
تـحـمـل‌کـنـان را نـخـوانـنـد مـرد   کـه بـیـچـاره از بـیـم سـر بـرنـکـرد
وگر در سرش هول و مردانگی است   !گریزند از او کاین چه دیوانگی است؟
تعنّت کنندش گر اندک‌خوری‌ست   که مالش مگر روزی دیگری‌ست
وگـر نغز و پاکیزه باشد خورش   شکم‌بنده خوانند و تن‌پرورش
وگـر بی‌تـکـلـف زیـد مـال‌دار   که زینت بر اهل تمیز است عار
زبـان درنـهـنـدش بـه ایـذا چـو تیغ   که بدبخت زر دارد از خود دریغ
وگـر کـاخ و ایـوان مـنـقّش کند   تن خویش را کسوتی خوش کند
بـه جـان آیـد از طعنه بر وی زنان   که خود را بیاراست همچون زنان
اگـر پـارسـایـی سـیـاحـت نـکـرد   سـفـرکـردگـانـش نـخـوانـنـد مـرد
کـه نـارفـتـه بـیـرون ز آغـوش زن   کدامش هنر باشد و رای و فن؟
جـهـان‌دیـده را هـم بـدرّنـد پـوسـت   که سرگشتهٔ بخت برگشته اوست
گـرش حـظّ از اقبال بـودی و بهر   زمانه نراندی ز شهرش به شهر
عـزب را نکوهش کند خرده‌بین   که می‌رنجد از خفت و خیزش زمین
وگـر زن کند، گوید: از دست دل   به گـردن درافـتـاد چـون خر به گل

نه از جور مردم رهد زشت‌روی		نه شاهد ز نامردم زشت‌گوی
غلامی به مصر اندرم بنده بود		که چشم از حیا در بر افکنده بود
کسی گفت: هیچ این پسر عقل و هوش		ندارد، بمالش به تعلیم گوش
شبی برزدم بانگ بر وی درشت		!هم او گفت: مسکین به جورش بکشت
گرت برکند خشم روزی ز جای		سراسیمه خوانندت و تیره‌رای
وگر بردباری کنی از کسی		بگویند غیرت ندارد بسی
!سخی را به اندرز گویند: بس		که فردا دو دستت بود پیش و پس
وگر قانع و خویشتن‌دار گشت		به تشنیع خلقی گرفتار گشت
که همچون پدر خواهد این سفله مُرد		که نعمت رها کرد و حسرت ببرد
که یارد به کنج سلامت نشست؟		که پیغمبر از خُبث ایشان نرست
خدا را که مانند و انباز و جفت		ندارد، شنیدی که ترسا چه گفت؟
رهایی نیابد کس از دست کس		گرفتار را چاره صبر است و بس

حکایت

جوانی هنرمند فرزانه بود		که در وعظ چالاک و مردانه بود

نکونام و صاحب‌دل و حق‌پرست / خط عارضش خوش‌تر از خط دست
قوی در بلاغات و در نحو چست / ولی حرف ابجد نگفتی درست
یکی را بگفتم ز صاحب‌دلان / که دندان پیشین ندارد فلان
برآمد ز سودای من سرخ‌روی / کز این جنس بیهوده دیگر مگوی
تو در وی همان عیب دیدی که هست / ز چندان هنر چشم عقلت ببست
یقین بشنو از من که روز یقین / نبینند بد، مردم نیک‌بین
یکی را که فضل است و فرهنگ و رای / گرش پای عصمت بخیزد ز جای
به یک خرده مپسند بر وی جفا / بزرگان چه گفتند؟ خُذ ما صفا
بود خار و گل با هم ای هوشمند / چه در بند خاری؟ تو گل دسته بند
که را زشت‌خویی بود در سرشت / نبیند ز طاووس جز پای زشت
صفایی به دست آور ای خیره‌روی / که ننماید آیینهٔ تیره، روی
طریقی طلب کز عقوبت رهی / نه حرفی که انگشت بر وی نهی
منه عیب خلق ای فرومایه پیش / که چشمت فرودوزد از عیب خویش
چرا دامن‌آلوده را حد زنم / چو در خود شناسم که تردامنم؟
نشاید که بر کس درشتی کنی / چو خود را به تأویل پشتی کنی

چو بد ناپسند آیدت خود مکن
پس آن‌گه به همسایه گو بد مکن

من ار حق‌شناسم وگر خودنمای
برون با تو دارم، درون با خدای

چو ظاهر به عفّت بیاراستم
تصرف مکن در کژ و راستم

اگر سیرتم خوب و گر منکر است
خدایم به سِر از تو داناتر است

تو خاموش اگر من بِه‌ام یا بدم
که حمّال سود و زیان خودم

کسی را به کردار بد کن عذاب
که چشم از تو دارد به نیکی ثواب

نکوکاری از مردم نیک‌رای
یکی را به ده می‌نویسد خدای

تو نیز ای عجب هر که را یک هنر
ببینی، ز ده عیبش اندر گذر

نه یک عیب او را بر انگشت پیچ
جهانی فضیلت برآور به هیچ

چو دشمن که در شعر سعدی، نگاه
به نفرت کند ز اندرونِ تباه

ندارد به صد نکتهٔ نغز گوش
چو زَحفی ببیند برآرد خروش

جز این علتش نیست کان بدپسند
حسد دیدهٔ نیک‌بینش بکند

نه مر خلق را صنع باری سرشت؟
سیاه و سپید آمد و خوب و زشت

نه هر چشم و ابرو که بینی نکوست
بخور پسته‌مغز و بینداز پوست

باب هشتم

در شکر عافیت

نفس می‌نیارم زد از شکر دوست
که شکری ندانم که درخورد اوست

عطایی است هر موی از او بر تنم
چگونه به هر موی شکری کنم؟

ستایش خداوند بخشنده را
که موجود کرد از عدم بنده را

که را قوت وصف احسان اوست؟
که اوصاف مستغرق شأن اوست

بدیعی که شخص آفریند ز گل
روان و خرد بخشد و هوش و دل

ز پشت پدر تا به پایان شیب
نگر تا چه تشریف دادت ز غیب

چو پاک آفریدت بهُش باش و پاک
که ننگ است ناپاک رفتن به خاک

پیاپی بیفشان از آیینه گرد
که مِصقَل نگیرد چو زَنگار خَورد

نه در ابتدا بودی آب منی؟
اگر مردی، از سر به در کن منی

چو روزی به سعی آوری سوی خویش
مکن تکیه بر زور بازوی خویش

چرا حق نمی‌بینی ای خودپرست
که بازو به گردش درآورد و دست؟

چو آید به کوشیدنت خیر پیش
به توفیق حق دان نه از سعی خویش

به سرپنجگی کس نبرده است گوی — سپاس خداوند توفیق گوی
تو قائم به خود نیستی یک قدم — ز غیبت مدد می‌رسد دم‌به‌دم
نه طفل زبان‌بسته بودی ز لاف؟ — همی روزی آمد به جوفش ز ناف
چو نافش بریدند و روزی گسست — به پستان مادر درآویخت دست
غریبی که رنج آردش دهر پیش — به دارو دهند آبش از شهر خویش
پس او در شکم پرورش یافته است — ز انبوب معده خورش یافته است
دو پستان که امروز دلخواه اوست — دو چشمه هم از پرورشگاه اوست
کنار و بر مادر دل‌پذیر — بهشت‌است و پستان در او جوی شیر
درختی است بالای جان‌پرورش — ولد میوهٔ نازنین بر برش
نه رگ‌های پستان درون دل است؟ — پس ار بنگری شیر، خون دل است
به خونش فروبرده دندان چو نیش — سرشته در او مهر خون‌خوار خویش
چو بازو قوی کرد و دندان ستبر — برآندایدش دایه پستان به صبر
چنان صبرش از شیر خامُش کند — که پستان شیرین فرامُش کند
تو نیز ای که در توبه‌ای طفل راه — به صبرت فراموش گردد گناه

حکایت

جوانی سر از رای مادر بتافت / دل دردمندش به آذر بتافت
چو بیچاره شد، پیشش آورد مهد / که ای سست‌مهر فراموش‌عهد
نه گریان و درمانده بودی و خُرد / که شب‌ها ز دست تو خوابم نبرد؟
نه در مهد نیروی حالت نبود / مگس راندن از خود مجالت نبود؟
تو آنی کز آن یک مگس رنجه‌ای / که امروز سالار و سرپنجه‌ای
به حالی شوی باز در قعر گور / که نتوانی از خویشتن دفع مور
دگر دیده چون برفروزد چراغ / چو کرم لحد خورد پیه دماغ؟
چو پوشیده چشمی ببینی که راه / نداندهمی وقت رفتن ز چاه
تو گر شکر کردی که با دیده‌ای / وگرنه تو هم چشم پوشیده‌ای
معلم نیاموختت فهم و رای / سرشت این صفت در نهادت خدای
گرت منع کردی دل حق نیوش / حقت عین باطل نبودی به گوش

***

ببین تا یک انگشت از چند بند / به صنع الهی به هم درفگند
پس آشفتگی باشد و ابلهی / که انگشت بر حرف صنعش نهی

تأمل کن از بهرِ رفتار مرد | که چند استخوان پی زد و وصل کرد
که بی گردش کعب و زانو و پای | نشاید قدم بر گرفتن ز جای
از آن سجده بر آدمی سخت نیست | که در صلب او مهره یک‌لخت نیست
دوصد مهره بر یکدگر ساخته است | که گل‌مهره‌ای چون تو پرداخته است
رگت بر تن است ای پسندیده‌خوی | زمینی در او سیصدوشصت جوی
بصر در سر و فکر و رای و تمیز | جوارح به دل، دل به دانش عزیز
بهایم به روی اندر افتاده خوار | تو همچون الف بر قدمها سوار
نگون کرده ایشان سر از بهرِ خَور | تو آری به عزت خورش پیش سر
نزیبد تو را با چنین سروری | که سر جز به طاعت فرود آوری
به اِنعام خود دانه دادت نه کاه | نکردت چو اَنعام سر در گیاه
ولیکن بدین صورت دل‌پذیر | فرِفته مشو، سیرت خوب گیر
ره راست باید نه بالای راست | که کافر هم از روی صورت چو ماست
تو را آن که چشم و دهان داد و گوش | اگر عاقلی در خلافش مکوش
گرفتم که دشمن بکوبی به سنگ | مکن باری از جهل با دوست جنگ
خردمند طبعان منّت‌شناس | بدوزند نعمت به میخ سپاس

حکایت

ملک‌زاده‌ای ز اسب ادهم فتاد / به گردن درش مهره بر هم فتاد
چو پیلش فرورفت گردن به تن / نگشتی سرش تا نگشتی بدن
پزشکان بماندند حیران در این / مگر فیلسوفی ز یونان‌زمین
سرش بازپیچید و رگ راست شد / وگر وی نبودی زَمِن خواست شد
دگر نوبت آمد به نزدیک شاه / به عین عنایت نکردش نگاه
خردمند را سر فروشد به شرم / شنیدم که می‌رفت و می‌گفت نرم
اگر دی نپیچیدمی گردنش / نپیچیدی امروز روی از منش
فرستاد تخمی به دست رهی / که باید که بر عودسوزش نهی
ملک را یکی عطسه آمد ز دود / سر و گردنش همچنان شد که بود
به عذر از پی مرد بشتافتند / بجستند بسیار و کم یافتند
مکن، گردن از شکر منعم مپیچ / که روز پسین سر بر آری به هیچ

***

یکی گوش کودک بمالید سخت / که ای بوالعجب‌رای برگشته‌بخت
تو را تیشه دادم که هیزم شکن / نگفتم که دیوار مسجد بکن

زبان آمد ازبهرِ شکر و سپاس
به غیبت نگرداندش حق‌شناس

گذرگاه قرآن و پند است گوش
به بهتان و باطل شنیدن مکوش

دو چشم از پی صنع باری نکوست
ز عیب برادر فروگیر و دوست

***

شب ازبهرِ آسایش توست و روز
مه روشن و مهر گیتی‌فروز

سپهر از برای تو فرّاش‌وار
همی‌گستراند بساط بهار

اگر باد و برف است و باران و میغ
وگر رعد چوگان زند، برق تیغ

همه کارداران فرمان‌برند
که تخم تو در خاک می‌پرورند

اگر تشنه مانی ز سختی مجوش
که سقای ابر آبت آرد به دوش

ز خاک آورد رنگ و بوی و طعام
تماشاگه دیده و مغز و کام

عسل دادت از نحل و منّ از هوا
رطب دادت از نخل و نخل از نوا

همه نخل‌بندان بخایند دست
ز حیرت که نخلی چنین کس نبست

خور و ماه و پروین برای تواند
قنادیل سقف سرای تواند

ز خارت گل آورد و از نافه مشک
زر از کان و برگ تر از چوب خشک

به دست خودت چشم و ابرو نگاشت
که محرم به اغیار نتوان گذاشت

توانـا کـه او نـازنیـن پـرورد بـه الـوان نعمت چنین پـرورد
بـه جـان گفت باید نفس بر نفس که شکرش نه کار زبان است و بس
خدایا دلم خون شد و دیدہ ریش که می‌بینم انعامت از گفت بیش
نگویم دد و دام و مـور و سمک کـه فـوج مـلائـک بـر اوج فلک
هـنـوزت سپـاس انـدکـی گفته‌اند ز بیـورهـزاران یـکـی گفته‌اند
بـرو سعدیا دست و دفتر بشوی به راهی که پـایان نـدارد مپوی

***

نـدانـد کسـی قـدر روز خـوشی مگر روزی افتد به سختی‌کشی
زمستان درویـش در تنگسال چه سهل است پیش خداوند مال
سَلیمی که یک چند نالان نخفت خداونـد را شکـر صحّت نگفت
چو مـردانـه‌رو بـاشی و تیزپای به شکـرانه بـا کنـدپـایان بپای
بـه پیـر کهن بـر ببخشد جوان توانـا کند رحـم بـر نـاتوان
چه دانـنـد جیحـونیـان قـدر آب ز وامـانـدگـان پُـرس در آفتاب
عرب را که در دجله باشد قعود چه غم دارد از تشنگان زَرود
کسی قیمت تندرستی شناخت که یکچند بیچاره در تب گداخت

تو را تیره‌شب کی نماید دراز — که غلطی ز پهلو به پهلوی ناز؟
براندیش از افتان‌وخیزان تب — که رنجور داند درازای شب
به بانگ دهل خواجه بیدار گشت — چه داند شب پاسبان چون گذشت؟

حکایت

شنیدم که طغرل شبی در خزان — گذر کرد بر هندوی پاسبان
ز باریدن برف و باران و سیل — به لرزش درافتاده همچون سهیل
دلش بر وی از رحمت آورد جوش — که اینک قباپوستینم بپوش
دمی منتظر باش بر طرف بام — که بیرون فرستم به دست غلام
در این بود و باد صبا بروزید — شهنشه در ایوان شاهی خزید
وشاقی پری‌چهره در خیل داشت — که طبعش بدو اندکی میل داشت
تماشای ترکش چنان خوش فتاد — که هندوی مسکین برفتش ز یاد
قباپوستینی گذشتش به گوش — ز بدبختی‌اش درنیامد به دوش
مگر رنج سرما بر او بس نبود — که جور سپهر انتظارش فزود
نگه کن چو سلطان به غفلت بخفت — که چوبک‌زنش بامدادان چه گفت

مگر نیک‌بختت فراموش شد	چو دستت در آغوش آغوش شد؟
تو را شب به عیش و طرب می‌رود	چه دانی که بر ما چه شب می‌رود؟
فروبرده سر کاروانی به دیگ	چه از پا فرورفتگانش به ریگ
بدار ای خداوند زورق بر آب	که بیچارگان را گذشت از سر آب
توقف کنید ای جوانان چست	که در کاروان‌اند پیران سست
تو خوش خفته در هودج کاروان	مهار شتر در کف ساروان
چه هامون و کوهت، چه سنگ و رمال	ز ره بازپس‌ماندگان پرس حال
تو را کوه‌پیکر هیون می‌برد	پیاده چه دانی که خون می‌خورد؟
به آرام دل خفتگان در بُنه	چه دانند حال کُم گرسنه؟

حکایت

یکی را عسس دست بربسته بود	همه شب پریشان و دل‌خسته بود
به گوش آمدش در شب تیره‌رنگ	که شخصی همی‌نالد از دست تنگ
شنید این سخن دزد مغلول و گفت	ز بیچارگی چند نالی؟ بخفت
برو شکر یزدان کن ای تنگ‌دست	که دستت عسس تنگ برهم نبست
مکن ناله از بینوایی بسی	چو بینی ز خود بینواتر کسی

حکایت

برهنه‌تنی یک درم وام کرد — تن خویش را کسوتی خام کرد
بنالید کای طالع بدلگام — به گرما بپختم در این زیر خام
چو ناپخته آمد ز سختی به جوش — !یکی گفتش از چاه زندان: خموش
به جای آور، ای خام، شکر خدای — که چون ما نه‌ای خام بر دست و پای

حکایت

یکی کرد بر پارسایی گذر — به صورت جهود آمدش در نظر
قفایی فروکوفت بر گردنش — ببخشید درویش پیراهنش
خجل گفت کانچ از من آمد خطاست — ببخشای بر من، چه جای عطاست؟
به شکرانه گفتا به سر بیستم — که آنم که پنداشتی نیستم
نکوسیرت بی‌تکلف‌برون — به از نیک‌نام خراب‌اندرون
به نزدیک من شبرو راهزن — به از فاسق پارساپیرهن

***

ز ره بازپس‌مانده‌ای می‌گریست — [illegible]

جهان‌دیده‌ای گفتش ای هوشیار / اگر مردی این یک سخن گوش‌دار
برو شکر کن چون به خر بر نه‌ای / که آخر بنی‌آدمی، خر نه‌ای

حکایت

فقیهی بر افتاده مستی گذشت / به مستوری خویش مغرور گشت
ز نخوت بر او التفاتی نکرد / جوان سر برآورد کای پیرمرد
برو شکر کن چون به نعمت دری / که محرومی آید ز مستکبری
یکی را که در بند بینی مخند / مبادا که ناگه درافتی به بند
نه آخر در امکان تقدیر هست / که فردا چو من باشی افتاده مست؟
تو را آسمان خط به مسجد نوشت / مزن طعنه بر دیگری در کنشت
ببند ای مسلمان به شکرانه دست / که زُنّار مغ بر میانت نبست
نه خود می‌رود هر که جویان اوست / به عنفش کشان می‌برد لطف دوست
نگر تا قضا از کجا سیر کرد / که کوری بود تکیه بر غیر کرد

***

سرشته است باری شفا در عسل / نه چندان که زور آورد با اجل

عسل خوش کند زندگان را مزاج   ولی درد مردن ندارد علاج
رمق‌مانده‌ای را که جان از بدن   برآمد، چه سود انگبین در دهن؟
یکی گرز پولاد بر مغز خَورد   کسی گفت صندل بمالش به درد
ز پیش خطر تا توانی گریز   ولیکن مکن با قضا پنجه تیز
درون تا بود قابل شرب و اَکل   بدن تازه‌روی است و پاکیزه‌شکل
خراب آن‌گه این خانه گردد تمام   که با هم نسازند طبع و طعام
طبایع تر و خشک و گرم است و سرد   مُرکّب از این چارطبع است مرد
یکی زین چو بر دیگری یافت دست   ترازوی عدل طبیعت شکست
اگر باد سرد نَفَس نگذرد   تف معده، جان در خروش آورد
وگر دیگ معده نجوشد طعام   تن نازنین را شود کار خام
در اینان نبندد دل، اهل شناخت   که پیوسته با هم نخواهند ساخت
توانایی تن مدان از خورش   که لطف حقت می‌دهد پرورش
به حقش که گر دیده بر تیغ و کارد   نهی، حق شکرش نخواهی گزارد
چو رویی به طاعت نهی بر زمین   خدا را ثناگوی و خود را مبین
گدایی است تسبیح و ذکر و حضور   گدا را نباید که باشد غرور

گرفتم که خود خدمتی کرده‌ای　　　نه پیوسته اقطاع او خورده‌ای؟

***

نخست او ارادت به دل درنهاد　　　پس این بنده بر آستان سر نهاد
گر از حق نه توفیق خیری رسد　　　کی از بنده چیزی به غیری رسد؟
زبان را چه بینی که اقرار داد　　　ببین تا زبان را که گفتار داد
در معرفت دیدهٔ آدمی است　　　که بگشوده بر آسمان و زمی است
کی‌اَت فهم بودی نشیب‌وفراز　　　گر این در نکردی به روی تو باز؟
سر آورد و دست از عدم در وجود　　　در این جود بنهاد و در وی سجود
وگرنه کی از دست جود آمدی؟　　　محال است کز سر سجود آمدی
به حکمت زبان داد و گوش آفرید　　　که باشند صندوق دل را کلید
اگر نه زبان قصه برداشتی　　　کس از سرّ دل کی خبر داشتی؟
وگر نیستی سعی جاسوس گوش　　　خبر کی رسیدی به سلطان هوش
مرا لفظ شیرین خواننده داد　　　تو را سمع و ادراک داننده داد
مدام این دو چون حاجبان بر درند　　　ز سلطان به سلطان خبر می‌برند
چه اندیشی از خود که فعلم نکوست؟　　　از آن در نگه کن که توفیق اوست

بـرد بـوسـتـانـبـان بـه ایـوان شـاه		بـه نـوبـاوه گـل هـم ز بـسـتـان شـاه

حکایت

بتی دیـدم از عـاج در سومنات		مُـرَصّـع چـو در جاهلیت مَـنات
چـنـان صـورتـش بسته تمثالگر		کـه صـورت نبندد از آن خوب‌تر
ز هـر نـاحـیـت کـاروان‌هـا روان		بـه دیـدار آن صـورت بـی‌روان
طمع کـرده رایـان چین و چگل		چو سعدی وفا زآن بت سخت‌دل
زبـان‌آوران رفـتـه از هـر مکان		تـضـرع‌کـنـان پـیـش آن بـی‌زبـان
فـرومـانـدم از کـشـف آن مـاجرا		کـه حـیّـی جـمـادی پـرسـتد چـرا؟
مُغی را که با من سر و کار بود		نکوگوی و همحجره و یار بود
به نرمی بپرسیدم: ای برهمن		عجب دارم از کار این بقعه من
کـه مـدهـوش ایـن ناتوان‌پیکرند		مُـقـیّـد بـه چـاه ضـلال انـدرنـد
نه نیروی دستش، نه رفتار پای		ورش بفکنی برنخیزد ز جای
نبینی که چشمانش از کهرباست؟		وفا جستن از سنگ‌چشمان خطاست
بر این گفتم، آن دوست دشمن گرفت		چو آتش شد از خشم و در من گرفت

مغان را خبر کرد و پیران دیر
ندیدم در آن انجمن روی خیر

فتادند گبران پازندخوان
چو سگ در من از بهرِ آن استخوان

چو آن راه کژ پیششان راست بود
ره راست در چشمشان کژ نمود

که مرد اَر چه دانا و صاحب‌دل است
به نزدیک بی‌دانشان جاهل است

فروماندم از چاره همچون غریق
برون از مدارا ندیدم طریق

چو بینی که جاهل به کین اندر است
سلامت به تسلیم و لین اندر است

مِهین برهمن را ستودم بلند
که ای پیر تفسیر اُستا و زند

مرا نیز با نقش این بت خوش است
که شکلی خوش و قامتی دلکش است

بدیع آیدم صورتش در نظر
ولیکن ز معنی ندارم خبر

که سالوک این منزلم عن‌قریب
بد از نیک کمتر شناسد غریب

تو دانی که فرزین این رقعه‌ای
نصیحتگر شاه این بقعه‌ای

چه معنی است در صورت این صنم
که اول پرستندگانش منم

عبادت به تقلید گمراهی است
خنک رهروی را که آگاهی است

برهمن ز شادی برافروخت روی
پسندید و گفت: ای پسندیده‌گوی

سؤالت صواب است و فعلت جمیل
به منزل رسد هر که جوید دلیل

بسی چون تو گردیدم اندر سفر / بتان دیدم از خویشتن بی‌خبر
جز این بت که هر صبح از اینجا که هست / برآرد به یزدان دادار دست
وگر خواهی امشب همین‌جا بباش / که فردا شود سرّ این بر تو فاش
شب آنجا ببودم به فرمان پیر / چو بیژن به چاه بلا در اسیر
شبی همچو روز قیامت دراز / مغان گرد من بی‌وضو در نماز
کشیشان هرگز نیازرده آب / بغل‌ها چو مردار در آفتاب
مگر کرده بودم گناهی عظیم / که بردم در آن شب عذابی الیم
همه شب در این قید غم مبتلا / یکم دست بر دل، یکی بر دعا
که ناگه دهل‌زن فروکوفت کوس / بخواند از فضای برهمن خروس
خطیب سیه‌پوش شب بی‌خلاف / برآهخت شمشیر روز از غلاف
فتاد آتش صبح در سوخته / به یکدم جهانی شد افروخته
تو گفتی که در خطهٔ زنگبار / ز یک گوشه ناگه درآمد تتار
مغان تبه‌رای ناشسته‌روی / به دیر آمدند از در و دشت و کوی
کس از مرد در شهر و از زن نماند / در آن بتکده جای درزن نماند
من از غصه رنجور و از خواب مست / که ناگاه تمثال برداشت دست

به یکبار از ایشان برآمد خروش / تو گفتی که دریا برآمد به جوش
چو بتخانه خالی شد از انجمن / برهمن نگه کرد خندان به من
که دانم تو را بیش مشکل نماند / حقیقت عیان گشت و باطل نماند
چو دیدم که جهل اندر او محکم است / خیال محال اندر او مُدغَم است
نیارستم از حق دگر هیچ گفت / که حق ز اهل باطل بباید نهفت
چو بینی زبردست را زور دست / نه مردی بود پنجهٔ خود شکست
زمانی به سالوس گریان شدم / که من زآنچه گفتم پشیمان شدم
به گریه دل کافران کرد میل / عجب نیست سنگ ار بگردد به سیل
دویدند خدمتکنان سوی من / به عزت گرفتند بازوی من
شدم عذرگویان بر شخص عاج / به کرسی زر کوفت بر تخت ساج
بُتَک را یکی بوسه دادم به دست / که لعنت بر او باد و بر بت‌پرست
به تقلید کافر شدم روز چند / برهمن شدم در مقالات زند
چو دیدم که در دیر گشتم امین / نگنجیدم از خرمی در زمین
در دیر محکم ببستم شبی / دویدم چپ و راست چون عقربی
نگه کردم از زیر تخت و زبر / یکی پرده دیدم مُکَلَّل به زر

پس پرده مَطرانی آذرپرست
مجاور سر ریسمانی به دست

به‌فورم در آن حال معلوم شد
چو داوود کآهن بر او موم شد

که ناچار چون درکشد ریسمان
برآرد صنم دست، فریادخوان

برهمن شد از روی من شرمسار
که شُنعَت بود بخیه بر روی کار

بتازید و من در پی‌اش تاختم
نگونش به چاهی درانداختم

که دانستم ار زنده آن برهمن
بماند، کند سعی در خون من

پسندد که از من برآید دمار
مبادا که سرّش کنم آشکار

چو از کار مفسد خبر یافتی
ز دستش برآور چو دریافتی

که گر زنده‌اش مانی، آن بی‌هنر
نخواهد تو را زندگانی دگر

وگر سر به خدمت نهد بر درت
اگر دست یابد ببُرّد سرت

فریبنده را پای در پی منه
چو رفتی و دیدی امانش مده

تمامش بکشتم به سنگ آن خبیث
که از مرده دیگر نیاید حدیث

چو دیدم که غوغایی انگیختم
رها کردم آن بوم و بگریختم

چو اندر نیستانی آتش زدی
ز شیران بپرهیز اگر بخردی

مکش بچهٔ مار مردم‌گزای
چو کشتی در آن خانه دیگر مپای

چو زنبورخانه بیاشوفتی || گریز از محلّت که گرم اوفتی
به چابک‌تر از خود میندازتیر || چو افتاد، دامن به دندان بگیر
در اوراق سعدی چنین پند نیست || که چون پای دیوار کندی مایست
به هند آمدم بعد از آن رستخیز || وز آنجا به راه یمن تا حجیز
از آن جمله سختی که بر من گذشت || دهانم جز امروز شیرین نگشت
در اقبال و تأیید بوبکر سعد || که مادر نزاید چون او قبل و بعد
ز جور فلک دادخواه آمدم || در این سایه‌گستر پناه آمدم
دعاگوی این دولتم بنده‌وار || خدایا تو این سایه پاینده دار
که مرهم نهادم نه در خورد ریش || که در خورد انعام و اکرام خویش
کی این شکر نعمت به جای آورم || وگر پای گردد به خدمت سرم؟
فرج یافتم بعد از آن بندها || هنوزم به گوش است از آن پندها
یکی آن که هر گه که دست نیاز || برآرم به درگاه دانای راز
به یاد آید آن لعبت چینی‌ام || کند خاک در چشم خودبینی‌ام
بدانم که دستی که برداشتم || به نیروی خود برنیفراشتم
نه صاحبدلان دست برمی‌کشند || که سررشته از غیب درمی‌کشند

در خیر باز است و طاعت ولیک / نه هر کس تواناست بر فعل نیک
همین است مانع که در بارگاه / نشاید شدن جز به فرمان شاه
کلید قدر نیست در دست کس / توانای مطلق خدای است و بس
پس ای مرد پوینده بر راه راست / تو را نیست منّت، خداوند راست
چو در غیب نیکونهادت سرشت / نیاید ز خوی تو کردار زشت
ز زنبور کرد این حلاوت پدید / همان کس که در مار زهر آفرید
چو خواهد که ملک تو ویران کند / نخست از تو خلقی پریشان کند
وگر باشدش بر تو بخشایشی / رساند به خلق از تو آسایشی
تکبّر مکن بر ره راستی / که دستت گرفتند و برخاستی
سخن سودمند است اگر بشنوی / به مردان رسی گر طریقت روی
مقامی بیابی گرت ره دهند / که بر خوان عزّت سماطت نهند
ولیکن نباید که تنها خوری / ز درویش درمنده یاد آوری
فرستی مگر رحمتی در پیام / که بر کردهٔ خویش واثق نیام

باب نهم

در توبه و صواب

بیا ای که عمرت به هفتاد رفت | مگر خفته بودی که بر باد رفت؟
همه برگِ بودن همی‌ساختی | به تدبیرِ رفتن نپرداختی
قیامت که بازار مینو نهند | منازل به اعمال نیکو دهند
بضاعت به چندان که آری، بری | وگر مفلسی، شرمساری بری
که بازار چندان که آکنده‌تر | تهی‌دست را دل پراکنده‌تر
ز پَنجَه دِرَم، پنج اگر کم شود | دلت ریش سرپنجهٔ غم شود
چو پنجاه سالت برون شد ز دست | غنیمت شمر پنج‌روزی که هست
اگر مُرده مسکین زبان داشتی | به فریاد و زاری فغان داشتی
که ای زنده چون هست امکان گفت | لب از ذکر چون مرده بر هم مخفت
چو ما را به غفلت بشد روزگار | تو باری دمی‌چند فرصت شمار

حکایت

شبی در جوانی و طیب نعم | جوانان نشستیم چندی به‌هم

چو بلبل، سرایان چو گل، تازه‌روی
ز شوخی درافکنده غلغل به کوی

جهان‌دیده پیری ز ما بر کنار
ز دور فلک لیل مویش نهار

چو فندق، دهان از سخن بسته بود
نه چون ما لب از خنده چون پسته بود

جوانی فرا رفت کای پیرمرد
چه در کنج حسرت نشینی به درد؟

یکی سر برآر از گریبان غم
به آرامِ دل با جوانان بچم

برآورد سر، سالخورد از نهفت
جوابش نگر تا چه پیرانه گفت

چو باد صبا بر گلستان وزد
چمیدن درخت جوان را سزد

چمد تا جوان است و سرسبز خوید
شکسته شود چون به زردی رسید

بهاران که بید آورد بیدمشک
بریزد درخت گشن برگ خشک

نزیبد مرا با جوانان چمید
که بر عارضم صبح پیری دمید

به قید اندرم جرّه‌بازی که بود
دمادم سر رشته خواهد ربود

شما راست نوبت بر این خوان نشست
که ما از تنعّم بشستیم دست

چو بر سر نشست از بزرگی غبار
دگر چشم عیش جوانی مدار

مرا برف باریده بر پرّ زاغ
نشاید چو بلبل تماشای باغ

کند جلوه طاووس صاحب‌جمال
چه می‌خواهی از باز برکنده‌بال؟

مرا غلّه تنگ اندر آمد درو — شما را کنون می‌دمد سبزه نو
گلستان ما را طراوت گذشت — که گل دسته بندد، چو پژمرده گشت؟
مرا تکیه، جانِ پدر بر عصاست — دگر تکیه بر زندگانی خطاست
مسلّم جوان راست بر پای جست — که پیران برند استعانت به دست
گل سرخ رویم نگر زرّ ناب — فرورفت، چون زرد شد آفتاب
هوس پختن از کودک ناتمام — چنان زشت نَبوَد که از پیر خام
مرا می‌بباید چو طفلان گریست — ز شرم گناهان، نه طفلانه زیست
نکو گفت لقمان که نازیستن — به از سال‌ها بر خطا زیستن
هم از بامدادان، درِ کلبه بست — به از سود و سرمایه دادن ز دست
جوان تا رساند سیاهی به نور — برد پیر مسکین سیاهی به گور

حکایت

کهن‌سالی آمد به نزد طبیب — ز نالیدنش تا به مردن قریب
که دستم به رگ بر نه، ای نیک‌رای — که پایم همی برنیاید ز جای
بدین مانَد این قامت خفته‌ام — که گویی به گل در فرورفته‌ام
برو، گفت دست از جهان درگسل — که پایت قیامت برآید ز گل

نشاط جوانی ز پیران مجوی	که آب روان بازناید به جوی
اگر در جوانی زدی دست و پای	در ایّام پیری بِهُش باش و رای
چو دوران عمر از چهل درگذشت	مزن دست و پا، کآبت از سر گذشت
نشاط از من آنگه رمیدن گرفت	که شامم، سپیده دمیدن گرفت
بباید هوس کردن از سر به در	که دور هوس‌بازی آمد به سر
به سبزه کجا تازه گردد دلم	که سبزه بخواهد دمید از گلم؟
کنان در هوا و هوس‌تفرّج	گذشتیم بر خاک بسیار کس
کسانی که دیگر به غیب اندرند	بیایند و بر خاک ما بگذرند
دریغا که فصل جوانی برفت	به لهو و لعب زندگانی برفت
پرور زمان دریغا چنان روح	که بگذشت بر ما چو برق یَمان
ز سودای آن پوشم و این خورم	نپرداختم تا غم دین خورم
دریغا که مشغول باطل شدیم	ز حق دور ماندیم و غافل شدیم
چه خوش گفت با کودک آموزگار	که کاری نکردیم و شد روزگار

***

جوانا ره طاعت امروز گیر	که فردا جوانی نیاید ز پیر

فراغ دلت هست و نیروی تن / چو میدان فراخ است، گویی بزن
قضا روزگاری ز من درربود / که هر روزی از وی شبی قدر بود
من آن روز را قدر نشناختم / بدانستم اکنون که درباختم
چه کوشش کند پیرخر زیر بار؟ / تو می‌رو که بر بادپایی سوار
شکسته‌قدح ور ببندند چُست / نیاورد خواهد بهای درست
کنون کاوفتادت به غفلت ز دست / طریقی ندارد مگر باز بست
که گفتت به جیحون دراندازتن؟ / چو افتاد، هم دست‌و‌پایی بزن
به غفلت بدادی ز دست آب پاک / چه چاره کنون جز تیمم به خاک؟
چو از چابکان در دویدن گرو / نبردی، هم افتان‌وخیزان برو
گر آن بادپایان برفتند تیز / تو بی‌دست‌و‌پای از نشستن بخیز

حکایت

شبی خوابم اندر بیابان فید / فروبست پای دویدن به قید
شتربانی آمد به هول و ستیز / زمام شتر بر سرم زد که خیز
مگر دل نهادی به مردن ز پس / که برمی‌نخیزی به بانگ جرس؟
مرا هم‌چو تو خواب خوش در سر است / ولیکن بیابان به پیش اندر است

تو کز خواب نوشین به بانگ رحیل / نخیزی، دگر کی رسی در سبیل

فروکوفت طبل شتر، ساروان / به منزل رسید اول کاروان

خُنُک هوشیاران فرخنده‌بخت / که پیش از دُهُل‌زن بسازند رخت

به‌ره‌خفتگان تا برآرند سر / نبینند ره‌رفتگان را اثر

سَبَق برد رهرو که برخاست زود / پس از نقل، بیدار بودن چه سود؟

یکی در بهاران بیفشانده جو / چه گندم ستاند به وقت درو؟

کنون باید ای خفته بیدار بود / چو مرگ اندرآرد ز خوابت، چه‌سود؟

چو شیبت درآمد به روی شباب / شبت روز شد، دیده برکن ز خواب

من آن روز برکندم از عمر امید / که افتادم اندر سیاهی سپید

دریغا که بگذشت عمر عزیز / بخواهد گذشت این دمی‌چند نیز

گذشت آنچه در ناصوابی گذشت / ور این نیز هم درنیابی، گذشت

کنون وقت تخم است، اگر پروری / گر امید داری که خرمن بری

به شهر قیامت مرو تنگ‌دست / که وجهی ندارد به حسرت نشست

گرت چشم عقل است، تدبیر گور / ~~کن خون کرده اکه چشم و تو~~

به مایه توان ای پسر سود کرد / چه‌سود افتد آن را که سرمایه خورد؟

کنون کوش کآب از کمر درگذشت
نه وقتی که سیلابت از سر گذشت

کنونت که چشم است، اشکی ببار
زبان در دهان است، عُذری بیار

نه پیوسته باشد روان در بدن
نه همواره گردد زبان در دهن

کنون بایدت عذر تقصیر گفت
نه چون نفس ناطق ز گفتن بخفت

ز دانندگان بشنو امروز قول
که فردا نکیرت بپرسد به هول

غنیمت شمار این گرامی نفس
که بی‌مرغ قیمت ندارد قفس

مکن عمر، ضایع به افسوس و حیف
که فرصت عزیز است والوقت سیف

حکایت

قضا زنده‌ای را رگ جان برید
دگر کس به مرگش گریبان درید

چنین گفت بیننده‌ای تیزهوش
چو فریاد و زاری رسیدش به گوش

ز دست شما، مرده بر خویشتن
گرش دست بودی، دریدی کفن

که چندین ز تیمار و دردم مپیچ
که روزی دو، پیش از تو کردم بسیچ

فراموش کردی مگر مرگ خویش
که مرگ منت ناتوان کرد و ریش

محقق که بر مرده ریزد گلش
نه بر وی که بر خود بسوزد دلش

ز هجران طفلی که در خاک رفت
چه نالی؟ که پاک آمد و پاک رفت

تو پاک آمدی، بر حذر باش و پاک
که ننگ است ناپاک رفتن به خاک

کنون باید این مرغ را پای بست
نه آن‌گه که سررشته بردت ز دست

نشستی به جای دگر کس بسی
نشیند به جای تو دیگر کسی

اگر پهلوانی و گر تیغ‌زن
نخواهی به در بردن، الّا کفن

خر وحش اگر بگسلاند کمند
چو در ریگ مانَد، شود پای‌بند

تو را نیز چندان بود دست زور
که پایت نرفته است در ریگ گور

منه دل بر این سال‌خورده‌مکان
که گنبد نپاید بر او گِردکان

چو دی رفت و فردا نیامد به دست
حساب از همین یک نفس کن که هست

حکایت

فرورفت جم را یکی نازنین
کفن کرد چون کرمش ابریشمین

به دخمه برآمد پس از چند روز
که بر وی بگرید به زاری و سوز

چو پوسیده دیدش حریرین کفن
به فکرت چنین گفت با خویشتن

من از کرم برکنده بودم به زور
بکندند از او باز کرمان گور

در این باغ، سروی نیامد بلند
که باد اجل بیخش از بن نکند

قضا نقش یوسف‌جمالی نکرد
که ماهی گورش چو یونس نخَورد

دو بیتم جگر کرد روزی کباب
که می‌گفت گوینده‌ای با رباب

دریغا که بی ما بسی روزگار
بروید گل و بشکفد نوبهار

بسی تیر و دی‌ماه و اردیبهشت
برآید که ما خاک باشیم و خشت

حکایت

یکی پارسا‌سیرت حق‌پرست
فتادش یکی خشت زرّین به دست

سر هوشمندش چنان خیره کرد
که سودا، دل روشنش تیره کرد

همه شب در اندیشه کاین گنج و مال
در او تا زی‌اَم ره نیابد زوال

دگر قامت عجزم از بهرِ خواست
نباید برِ کس دوتا کرد و راست

سرایی کنم پای‌بستش رُخام
درختان سقفش همه عود خام

یکی حجره، خاص از پی دوستان
در حجره اندر سرابوستان

بفرسودم از رقعه بر رقعه دوخت
تف دیگدان چشم و مغزم بسوخت

دگر زیردستان پزندم خورش
به راحت دهم روح را پرورش

به سختی بکُشت این نمدبسترم
روم زین سپس عبقری گسترم

خیالش خِرِف کرد و کالیوه رنگ
به مغزش فروبرده خرچنگ چنگ

فـراغ مـنـاجـات و رازش نماند — خور و خواب و ذکر و نمازش نماند
به صحرا برآمد سر از عشوه مست — کـه جـایـی نـبـودش قـرار نشست
یکی بر سر گور گل می‌سرشت — که حاصل کند زآن گل گور، خشت
بـه انـدیـشـه لختی فـرورفـت پیر — کـه ای نـفـس کـوتـه‌نـظر پـنـد گیر
چه بندی در این خشت زرین دلت — که یک روز خشتی کنند از گلت؟
طمع را نه چندان دهان است باز — کـه بـازش نشیند بـه یـک لقمه آز
بدار ای فرومایه زین خشت، دست — که جیحون نشاید به یک خشت بست
تو غافل در اندیشهٔ سود و مال — کـه سـرمـایـهٔ عـمـر شـد پـایـمـال
غـبـار هـوا چشم عقلت بدوخت — سموم هوس کشت عمرت بسوخت
بکن سرمهٔ غفلت از چشم پاک — که فردا شوی سرمه در چشم خاک

حکایت

میان دو تن دشمنی بود و جنگ — سر از کبر بر یکدگر چون پلنگ
ز دیـدار هـم تـا بـه حـدی رَمـان — که بر هر دو تنگ آمـدی آسمان
یکی را اجـل در سـر آورد جیش — سـرآمـد بـر او روزگــاران عیش

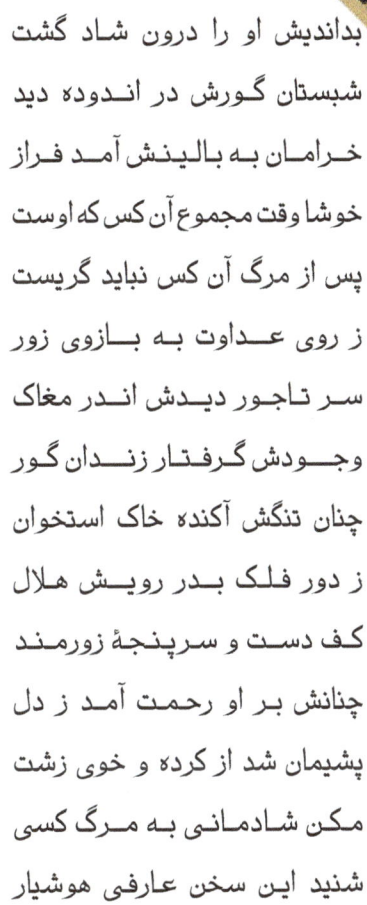

بداندیش او را درون شاد گشت
به گورش پس از مدتی برگذشت

شبستان گورش در اندوده دید
که وقتی سرایش زر اندوده دید

خرامان به بالینش آمد فراز
همی‌گفت با خود لب از خنده باز

خوشا وقت مجموع آن کس که اوست
پس از مرگ دشمن در آغوش دوست

پس از مرگ آن کس نباید گریست
که روزی پس از مرگ دشمن بزیست

ز روی عداوت به بازوی زور
یکی تخته برکندش از روی گور

سر تاجور دیدش اندر مغاک
دو چشم جهان‌بینش آکنده‌خاک

وجودش گرفتار زندان گور
تنش طعمهٔ کرم و تاراج مور

چنان تنگش آکنده خاک استخوان
که از عاج پر توتیا سرمه‌دان

ز دور فلک بدر رویش هلال
ز جور زمان سرو قدش خلال

کف دست و سرپنجهٔ زورمند
جدا کرده ایام، بندش ز بند

چنانش بر او رحمت آمد ز دل
که بسرشت بر خاکش از گریه گل

پشیمان شد از کرده و خوی زشت
بفرمود بر سنگ گورش نبشت

مکن شادمانی به مرگ کسی
که دهرت نماند پس از وی بسی

شنید این سخن عارفی هوشیار
بنالید کای قادر کردگار

عجب گر تو رحمت نیاری بر او		که بگریست دشمن به زاری بر او
تن ما شود نیز روزی چنان		که بر وی بسوزد دل دشمنان
مگر در دل دوست رحم آیدم		چو بیند که دشمن ببخشایدم
به جایی رسد کار سر دیر و زود		که گویی در او دیده هرگز نبود
زدم تیشه یک روز بر تلّ خاک		به گوش آمدم نالهای دردناک
که زنهار اگر مردی، آهستهتر		که چشم و بناگوش و روی است و سر

حکایت

شبی خفته بودم به عزم سفر		پی کاروانی گرفتم سحر
که آمد یکی سهمگین باد و گرد		که بر چشم مردم جهان تیره کرد
به ره در یکی دختر خانه بود		به معجر غبار از پدر میزدود
پدر گفتش ای نازنینچهر من		که داری دل آشفتهٔ مهر من
نه چندان نشیند در این دیده خاک		که بازش به معجر توان کرد پاک
بر این خاک چندان صبا بگذرد		که هر ذره از ما به جایی برد
تو را نفس رعنا چو سرکش ستور		دوان میبرد تا سر شیب گور

اجـل نـاگـهـت بـگـسـلانـد رکـیـب   عنـان بـاز نـتـوان گـرفت از نشیب

***

خبر داری ای اسـتـخـوانـی قفس   که جان تو مرغی است نامش نفس؟
چو مرغ از قفس رفت و بگسست قید   دگـر رهٔ نـگـردد بـه سعی تـو صید
نگه دار فرصت که عالم دمی است   دمـی پیش دانـا به از عالمی است
سکندر که بر عالمی حکم داشت   در آن دم که بگذشت و عالم گذاشت
مـیـسـر نـبـودش کـز او عـالـمی   ستانند و مهلت دهـنـدش دمی
برفتند و هر کس درود آنچه کشت   نمـانـد بـه جـز نـام نیکو و زشـت
چـرا دل بـر ایـن کـاروانگه نهیم؟   کـه یـاران برفتند و مـا بـر رهیم
پس از ما همین گل دمد بوستان   نـشـیـنـنـد بـا یـکـدگـر دوسـتـان
دل انـدر دلارام دنـیـا مبند   که ننشست با کس که دل برنکند
چـو در خـاکـدان لحد خُـفـت مرد   قـیـامـت بـیـفـشـانـد از مـوی گـرد
سـر از جیب غفلت بـرآور کنون   کـه فـردا نمـانـد بـه حـسـرت نگون
نه چون خواهی آمد به شیراز در   سـر و تـن بـشـویـی ز گـرد سفر
پـس ای خـاکـسـار گـنـه عـنقـریـب   سفر کرد خواهی به شهری غریب

براان از دو سرچشمهٔ دیده جوی ورآلایشی داری از خود بشوی

حکایت

ز عهد پدر یادم آید همی که باران رحمت بر او هر دمی

که در طفلی‌ام لوح و دفتر خرید ز بهرم یکی خاتم زر خرید

به در کرد ناگه یکی مشتری به خرمایی از دستم انگشتری

چو نشناسد انگشتری طفل خرد به شیرینی از وی توانند برد

تو هم قیمت عمر نشناختی که در عیش شیرین برانداختی

قیامت که نیکان بر اعلا رسند ز قعر ثری بر ثریا رسند

تو را خود بماند سر از ننگ پیش که گردت برآید عمل‌های خویش

برادر، ز کار بدان شرم دار که در روی نیکان شوی شرمسار

در آن روز کز فعل پرسند و قول اولوالعزم را تن بلرزد ز هول

به جایی که دهشت خورند انبیا تو عذر گنه را چه داری؟ بیا

زنانی که طاعت به رغبت برند ز مردان ناپارسا بگذرند

تو را شرم ناید ز مردی خویش که باشد زنان را قبول از تو بیش؟

زنان را به عذری معیّن که هست / ز طاعت بدارند گه‌گاه دست
تو بی‌عذر یک سو نشینی چو زن / رو ای کم ز زن، لاف مردی مزن
مرا خود چه باشد زبان‌آوری / چنین گفت شاه سخن عنصری
چو از راستی بگذری خم بود» / «چه مردی بود کز زنی کم بود؟
به ناز و طرب نفس، پرورده گیر / به ایام، دشمن قوی کرده گیر
یکی بچهٔ گرگ می‌پرورید / چو پرورده شد، خواجه برهم درید
چو بر پهلوی جان سپردن بخفت / زبان‌آوری در سرش رفت و گفت
تو دشمن چنین نازنین پروری / ندانی که ناچار زخمش خوری؟
نه ابلیس در حق ما طعنه زد / کز اینان نیاید به جز کار بد؟
فغان از بدی‌ها که در نفس ماست / که ترسم شود ظن ابلیس راست
چو ملعون پسند آمدش قهر ما / خدایش بینداخت از بهرِ ما
کجا سر برآریم از این عار و ننگ / که با او به صلحیم و با حق به جنگ
نظر، دوست، نادر کند سوی تو / چو در روی دشمن بود روی تو
گرت دوست باید کز او بر خَوری / نباید که فرمان دشمن بری
روا دارد از دوست بیگانگی / که دشمن گزینند به همخانگی

ندانی که کمتر نهد دوست پای
چو بیند که دشمن بود در سرای؟

به سیم سیه تا چه خواهی خرید
که خواهی دل از مهر یوسف برید؟

حکایت

یکی برد با پادشاهی ستیز
به دشمن سپردش که خونش بریز

گرفتار در دست آن کینه توز
همی‌گفت هر دم به زاری و سوز

اگر دوست بر خود نیازردمی
کی از دست دشمن جفا بردمی؟

بِتا جور دشمن بدرّدش پوست
رفیقی که بر خود بیازرد دوست

تو از دوست گر عاقلی برمگرد
که دشمن نیارد نگه در تو کرد

تو با دوست یکدل شو و یک سَخُن
که خود بیخ دشمن برآید ز بُن

نپندارم این زشت‌نامی نکوست
به خشنودی دشمن، آزار دوست

حکایت

یکی مال مردم به تلبیس خَورد
چو برخاست لعنت بر ابلیس کرد

چنین گفتش ابلیس اندر رهی
که هرگز ندیدم چنین ابلهی

تو را با من است ای فلان، آشتی
به جنگم چرا گردن افراشتی؟

دریغ است فرمودهٔ دیو زشت		که دست ملک بر تو خواهد نبشت
روا داری از جهل و ناباکی‌اَت		که پاکان نویسند ناپاکی‌اَت
طریقی به دست آر و صلحی بجوی		شفیعی برانگیز و عذری بگوی
که یک لحظه صورت نبندد امان		چو پیمانه پر شد به دور زمان
وگر دست قدرت نداری به کار		چو بیچارگان دست زاری برآر
گرت رفت از اندازه بیرون بَدی		چو گفتی که بد رفت، نیک آمدی
فرا شو چو بینی ره صلح باز		که ناگه در توبه گردد فراز
مرو زیر بار گنه ای پسر		که حمّال، عاجز بود در سفر
پی نیک‌مردان بباید شتافت		که هر کاین سعادت طلب کرد، یافت
ولیکن تو دنبال دیو خسی		ندانم که در صالحان چون رسی؟
پیمبر کسی را شفاعتگر است		که بر جادهٔ شرع پیغمبر است
ره راست رو تا به منزل رسی		تو بر ره نه‌ای زین قبل واپسی
چو گاوی که عصّار چشمش ببست		دوان تا به‌شب، شب همان‌جا که هست

***

گل‌آلوده‌ای راه مسجد گرفت		ز بخت نگون بود اندر شگفت

یکی زجر کردش که تبّت یداک
مرو دامن‌آلوده بر جای پاک

مرا رقّتی در دل آمد بر این
که پاک است و خرّم بهشت برین

در آن جای پاکان امّیدوار
گل‌آلودهٔ معصیت را چه کار؟

بهشت آن ستاند که طاعت برد
که را نقد باید بضاعت برد

مکن، دامن از گرد زَلّت بشوی
که ناگه ز بالا ببندند جوی

مگو مرغ دولت ز قیدم بجست
هنوزش سر رشته داری به دست

وگر دیر شد گرمرو باش و چُست
ز دیر آمدن غم ندارد درست

هنوزت اجل دست خواهش نبست
برآور به درگاه دادار دست

مخسب ای گنه‌کار خوش‌خفته، خیز
به عذر گناه آب چشمی بریز

چو حکم ضرورت بود کآبروی
بریزند باری بر این خاک کوی

ور آبت نماند، شفیع آر پیش
کسی را که هست آبروی از تو بیش

به قهر اَر براند خدای از درم
روان بزرگان شفیع آورم

حکایت

همی یادم آید ز عهد صغر
که عیدی برون آمدم با پدر

به بازیچه مشغول مردم شدم	در آشوب خلق از پدر گم شدم

برآوردم از هول و دهشت خروش	پدر ناگهانم بمالید گوش

که ای شوخ‌چشم آخِرت چندبار	بگفتم که دستم ز دامن مدار

به تنها نداند شدن طفل خرد	که مشکل توان راه نادیده برد

تو هم طفل راهی به سعی ای فقیر	برو دامن راه‌دانان بگیر

مکن با فرومایه‌مردم نشست	چو کردی، ز هیبت فروشوی دست

به فتراک پاکان درآویز چنگ	که عارف ندارد ز دریوزه ننگ

مریدان به قوّت ز طفلان کماند	مشایخ چو دیوار مستحکماند

بیاموز رفتار از آن طفل خُرد	که چون استعانت به دیوار بُرد

ز زنجیر ناپارسایان برست	که در حلقهٔ پارسایان نشست

اگر حاجتی داری این حلقه گیر	که سلطان ندارد از این در گزیر

برو خوشه‌چین باش سعدی‌صفت	که گرد آوری خرمن معرفت

الا ای مقیمان محراب اُنس	که فردا نشینید بر خوان قدس

متابید روی از گدایان خیل	که صاحب‌مروّت نراند طفیل

کنون با خرد باید انباز گشت	که فردا نماند ره بازگشت

حکایت

یکی غلّه مردادمه توده کرد
ز تیمار دی خاطر آسوده کرد

شبی مست شد و آتشی برفروخت
نگون‌بخت کالیوه، خرمن بسوخت

دگر روز در خوشه‌چینی نشست
که یک جو ز خرمن نماندش به دست

چو سرگشته دیدند درویش را
یکی گفت پروردهٔ خویش را

نخواهی که باشی چنین تیره‌روز
به دیوانگی خرمن خود مسوز

گر از دست شد عمرت اندر بدی
تو آنی که در خرمن آتش زدی

فضیحت بود خوشه اندوختن
پس از خرمن خویشتن سوختن

مکن جان من، تخم دین ورز و داد
مده خرمن نیکنامی به باد

چو برگشته‌بختی در افتد به بند
از او نیکبختان بگیرند پند

تو پیش از عقوبت درِ عفو کوب
که سودی ندارد فغان زیر چوب

برآر از گریبان غفلت سرت
که فردا نماند خجل در برت

حکایت

یکی متفّق بود بر منکری
گذر کرد بر وی نکومحضری

نشست از خجالت، عرق کرده روی --- که آیا! خجل گشتم از شیخ کوی
شنید این سخن پیر روشن‌روان --- بر او بر بشورید و گفت: ای جوان
نیاید همی شرمت از خویشتن --- که حق حاضر و شرم داری ز من؟
نیاسایی از جانب هیچکس --- برو جانب حق نگه دار و بس
چنان شرم دار از خداوند خویش --- که شرمت ز بیگانگان است و خویش

حکایت

زلیخا چو گشت از می عشق مست --- به دامان یوسف درآویخت دست
چنان دیو شهوت رضا داده بود --- که چون گرگ در یوسف افتاده بود
بتی داشت بانوی مصر از رُخام --- بر او معتکف بامدادان و شام
در آن لحظه رویش بپوشید و سر --- مبادا که زشت آیدش در نظر
غم‌آلوده یوسف به کنجی نشست --- به سر بر ز نفس ستمکاره دست
زلیخا دو دستش ببوسید و پای --- که ای سست‌پیمان سرکش درآی
به سندان‌دلی روی در هم مکش --- به تندی پریشان مکن وقت خَوش
روان گشتش از دیده بر چهره جوی --- که برگرد و ناپاکی از من مجوی
تو در روی سنگی شدی شرمناک --- مرا شرم باد از خداوند پاک

چه سود از پشیمانی آید به کف — چو سرمایهٔ عمر کردی تلف؟
شراب از پی سرخ‌رویی خورند — وز او عاقبت زردرویی برند
به عذرآوری، خواهش امروز کن — که فردا نماند مجال سخن

***

پلیدی کند گربه بر جای پاک — چو زشتش نماید بپوشد به خاک
تو آزادی از ناپسندیده‌ها — نترسی که بر وی فتد دیده‌ها
براندیش از آن بندهٔ پر گناه — که از خواجه مخفی شود چند گاه
اگر برنگردد به صدق و نیاز — به زنجیر و بندش بیارند باز
به کین‌آوری با کسی بر ستیز — که از وی گزیرت بود یا گریز
کنون کرد باید عمل را حساب — نه وقتی که منشور گردد کتاب
کسی گرچه بد کرد، هم بد نکرد — که پیش از قیامت غم خود بخَورد
گر آیینه از آه گردد سیاه — شود روشن آیینهٔ دل به آه
بترس از گناهان خویش این نفس — که روز قیامت نترسی ز کس

حکایت

غریب آمدم در سواد حبش | دل از دهر فارغ، سر از عیش خَوش
به ره بر، یکی دکّه دیدم بلند | تنی چند مسکین بر او پای‌بند
بسیج سفر کردم اندر نَفَس | بیابان گرفتم چو مرغ از قفس
یکی گفت کاین بندیان شبروند | نصیحت نگیرند و حق نشنوند
چو بر کس نیامد ز دستت ستم | تو را گر جهان شحنه گیرد چه غم؟
نیاورده عامل غش اندر میان | نیندیشد از رفع دیوانیان
وگر عفّتت را فریب است زیر | زبان حسابت نگردد دلیر
نکونام را کس نگیرد اسیر | بترس از خدای و مترس از امیر
چو خدمت پسندیده آرم به جای | نیندیشم از دشمن تیره‌رای
اگر بنده کوشش کند بنده‌وار | عزیزش بدارد خداوندگار
وگر کُندرای است در بندگی | ز جانداری افتد به خربندگی
قدم پیش نه کز مَلَک بگذری | که گر بازمانی ز دَد کمتری

حکایت

یکی را به چوگان، مِهِ دامغان	بزد تا چو طبلش برآمد فغان
شب از بی‌قراری نیارست خفت	بر او پارسایی گذر کرد و گفت
به شب گر ببردی بر شحنه، سوز	گناه آبرویش نبردی به روز
کسی روز محشر نگردد خجل	که شب‌ها به درگه برد سوز دل
هنوز ار سر صلح داری چه بیم؟	در عذرخواهان نبندد کریم
ز یزدان دادار داور بخواه	شب توبه تقصیر روز گناه
کریمی که آوردت از نیست، هست	عجب گر بیفتی، نگیردت دست
اگر بنده‌ای، دست حاجت برآر	وگر شرمسار آب حسرت ببار
نیامد بر این در کسی عذرخواه	که سیل ندامت نشُستش گناه
نریزد خدای آبروی کسی	که ریزد گناه، آب چشمش بسی

حکایت

به صنعا درم، طفلی اندر گذشت	چه گویم کز آنم چه بر سر گذشت
قضا نقش یوسف‌جمالی نکرد	که ماهی گورش چو یونس نخورد

در ایـن بـاغ سـروی نیامـد بلند — کـه بـاد اجـل بیخش از بـن نکند
نهالی به سی سال گردد درخت — ز بیخش بـرآرد یکی بـاد سخت
عجب نیست بر خاک اگر گل شکفت — که چندین گل‌اندام در خاک خفت
به دل گفتم: ای ننگ مـردان بمیر — که کـودک رود پـاک و آ لـوده پیر
ز سـودا و آشـفتگی بـر قدش — برانداختم سنگی از مرقدش
ز هولم در آن جای تاریک و تنگ — بـشـورید حـال و بـگـردید رنگ
چو بازآمدم زآن تغیّر بـه هوش — ز فرزند دلبندم آمد به گوش
گرت وحشت آمد ز تاریک‌جای — به هُش باش و با روشنایی درآی
شب گور خواهی منـوّر چو روز — از اینجا چـراغ عمـل بـرفروز
تـن کـارکن مـی‌بـلـرزد ز تب — مـبـادا که نخلش نیارد رطب
گروهی فراوان طمع ظن برند — که گندم نیفشانده خرمن برند
بر آن خورد سعدی که بیخی نشاند — کسی برد خرمن که تخمی فشاند

باب دهم

در مناجات و ختم کتاب

بیا تا برآریم دستی ز دل	که نتوان برآورد فردا ز گل
به فصل خزان در نبینی درخت	که بی‌برگ ماند ز سرمای سخت
برآرد تهی دست‌های نیاز	ز رحمت نگردد تهی‌دست باز
مپندار از آن در که هرگز نبست	که نومید گردد برآورده دست
قضا خلعتی نامدارش دهد	قدر میوه در آستینش نهد
همه طاعت آرند و مسکین نیاز	بیا تا به درگاه مسکین‌نواز
چو شاخ برهنه برآریم دست	که بی‌برگ از این بیش نتوان نشست
خداوندگارا نظر کن به جود	که جرم آمد از بندگان در وجود
گناه آید از بندهٔ خاکسار	به امید عفو خداوندگار
کریما به رزق تو پرورده‌ایم	به انعام و لطف تو خو کرده‌ایم
گدا چون کرم بیند و لطف و ناز	نگردد ز دنبال بخشنده باز
چو ما را به دنیا تو کردی عزیز	به عقبی همین چشم داریم نیز

عزیزی و خواری تو بخشی و بس — عزیز تو خواری نبیند ز کس
خدایا به عزّت که خوارم مکن — به ذُلّ گنه شرمسارم مکن
مسلط مکن چون منی بر سرم — ز دست تو به گر عقوبت برم
به گیتی بتر زین نباشد بدی — جفا بردن از دست همچون خَودی
مرا شرمساری ز روی تو بس — دگر شرمسارم مکن پیش کس
گرم بر سر افتد ز تو سایه‌ای — سپهرم بود کِهترین پایه‌ای
اگر تاج بخشی سر افرازدم — تو بردار تا کس نیندازدم
تنم می‌بلرزد چو یاد آورم — مناجات شوریده‌ای در حرم
که می‌گفت شوریدهٔ دل‌فَگار — الها ببخش و به ذُلّم مدار
همی‌گفت با حق به زاری بسی — میفکن که دستم نگیرد کسی
به لطفم بخوان و مران از درم — ندارد به‌جز آستانت سرم
تو دانی که مسکین و بیچاره‌ایم — فروماندهٔ نفس امّاره‌ایم
نمی‌تازد این نفس سرکش چنان — که عقلش تواند گرفتن عنان
که با نفس و شیطان برآید به زور؟ — مصاف پلنگان نیاید ز مور
به مردان راهت که راهی بده — وز این دشمنانم پناهی بده

خدایا به ذات خداوندی‌ات / به اوصاف بی‌مثل‌ومانندی‌ات
به لبیک حجاج بیت‌الحرام / به مدفون یثرب علیه‌السلام
به تکبیر مردان شمشیرزن / که مرد وَغا را شمارند زن
به طاعات پیران آراسته / به صدق جوانان نوخاسته
که ما را در آن ورطهٔ یک‌نفس / ز ننگ دو گفتن به فریاد رس
امید است از آنان که طاعت کنند / که بی‌طاعتان را شفاعت کنند
به پاکان کز آلایشم دور دار / وگر زَلّتی رفت معذور دار
به پیران پشت از عبادت دو تا / ز شرم گنه دیده بر پشت پا
که چشمم ز روی سعادت مبند / زبانم به وقت شهادت مبند
چراغ یقینم فرا راه دار / ز بد کردنم دست کوتاه دار
بگردان ز نادیدنی دیده‌ام / مده دست بر ناپسندیده‌ام
من آن ذره‌ام در هوای تو نیست / وجود و عدم ز احتقارم یکی است
ز خورشید لطفت شعاعی بَسَم / که جز در شعاعت نبیند کَسَم
بدی را نگه کن که بهتر کس است / گدا را ز شاه التفاتی بس است
مرا گر بگیری به انصاف و داد / بنالم که عفوم نه این وعده داد

خدایا به ذِلّت مران از درم		که صورت نبندد دری دیگرم
ور از جهل غایب شدم، روز چند		کنون کآمدم در به رویم مبند
چه عذر آرم از ننگ تردامنی؟		مگر عجز پیش آورم کای غنی
فقیرم، به جرم و گناهم مگیر		غنی را ترحّم بود بر فقیر
چرا باید از ضعف حالم گریست؟		اگر من ضعیفم، پناهم قوی است
خدایا به غفلت شکستیم عهد		چه زور آورد با قضا دست جهد؟
چه برخیزد از دست تدبیر ما؟		همین نکته بس عذر تقصیر ما
همه هرچه کردم تو بر هم زدی		چه قوّت کند با خدایی خودی؟
نه من سر ز حُکمت به درمی‌برم		که حُکمت چنین می‌رود بر سرم

حکایت

سیه‌چرده‌ای را کسی زشت خواند		جوابی بگفتش که حیران بماند
نه من صورت خویش خود کرده‌ام		که عیبم شماری که بد کرده‌ام
تو را با من ار زشت‌رویم چه کار؟		نه آخر منم زشت و زیبا نگار
از آنم که بر سر نبشتی ز پیش		نه کم کردم، ای بنده‌پرور نه بیش
تو دانایی آخر که قادر نی‌ام		توانای مطلق تویی، من کی‌ام؟

گرم رهٔ نمایی، رسیدم به خیر — وگر گم کنی، بازماندم ز سیر
جهان‌آفرین گر نه یاری کند — کجا بنده پرهیزگاری کند؟

***

چه خوش گفت درویش کوتاه‌دست — که شب توبه کرد و سحرگه شکست
گر او توبه بخشد بماند درست — که پیمان ما بی‌ثبات است و سست
به حقّت که چشمم ز باطل بدوز — به نورت که فردا به نارم مسوز
ز مسکینی‌ام روی در خاک رفت — غبار گناهم بر افلاک رفت
تو یک نوبت ای ابر رحمت ببار — که در پیش باران نپاید غبار
ز جرمم در این مملکت جاه نیست — ولیکن به ملکی دگر راه نیست
تو دانی ضمیر زبان‌بستگان — تو مرهم نهی بر دل خستگان

حکایت

مغی در به روی از جهان بسته بود — بتی را به خدمت میان بسته بود
پس از چند سال آن نکوهیده‌کیش — قضا حالتی صعبش آورد پیش
به پای بت اندر به امید خِیر — بغلطید بیچاره بر خاک دِیر

که درمانده‌ام دست گیر ای صنم / به جان آمدم رحم کن بر تنم
بزارید در خدمتش بارها / که هیچش به سامان نشد کارها
بتی چون برآرد مهمّات کس / که نتواند از خود براندن مگس؟
برآشفت کای پای‌بند ضلال / به باطل پرستیدمت چند سال
مهمّی که در پیش دارم برآر / وگر نه بخواهم ز پروردگار
هنوز از بت آلوده رویش به خاک / که کامش برآورد یزدان پاک
حقایق‌شناسی در این خیره شد / سر وقت صافی بر او تیره شد
که سرگشته‌ای، دون یزدان پرست / هنوزش سر از خَمر بتخانه مست
دل از کفر و دست از خیانت نشست / خدایش برآورد کامی که جست
فرورفت خاطر در این مشکلش / که پیغامی آمد به گوش دلش
که پیش صنم پیر ناقص عقول / بسی گفت و قولش نیامد قبول
گر از درگه ما شود نیز رد / پس آنگه چه فرق از صنم تا صمد؟
دل اندر صمد باید ای دوست بست / که عاجزترند از صنم هر که هست
محال است اگر سر بر این در نهی / که بازآیدت دست حاجت تهی
خدایا مقصر به کار آمدیم / تهی‌دست و امیدوار آمدیم

حکایت

شنیدم که مستی ز تاب نبید
به مقصورهٔ مسجدی دردوید

بنالید بر آستان کرم
که یارب به فردوس اعلی برم

مؤذّن گریبان گرفتش که هین
سگ و مسجد! ای فارغ از عقل و دین

چه شایسته کردی که خواهی بهشت؟
نمی‌زیبدت ناز با روی زشت

بگفت این سخن پیر و بگریست مست
که مستم، بدار از من ای خواجه دست

عجب داری از لطف پروردگار
که باشد گنهکاری امّیدوار؟

تو را می‌نگویم که عذرم پذیر
در توبه باز است و حق دستگیر

همی شرم دارم ز لطف کریم
که خوانم گنه پیش عفوش عظیم

کسی را که پیری درآرد ز پای
چو دستش نگیری نخیزد ز جای

من آنم ز پای اندر افتاده پیر
خدایا به فضل خودم دست گیر

نگویم بزرگی و جاهم ببخش
فروماندگی و گناهم ببخش

اگر یاری اندک زلل دانَدم
به نابخردی شهره گرداندم

تو بینا و ما خائف از یکدگر
که تو پرده‌پوشی و ما پرده‌در

برآورده مردم ز بیرون خروش
تو با بنده در پرده و پرده‌پوش

به نادانی ار بندگان سرکشند	خداوندگاران قلم درکشند
اگر جرم بخشی به مقدار جود	نماند گنهکاری اندر وجود
وگر خشم گیری به قدر گناه	به دوزخ فرست و ترازو مخواه
گرم دست گیری به جایی رسم	وگر بفکنی برنگیرد کسم
که زور آورد گر تو یاری دهی؟	که گیرد چو تو رستگاری دهی؟
دو خواهند بودن به محشر فریق	ندانم کدامین دهندم طریق
عجب گر بود راهم از دست راست	که از دست من جز کجی برنخاست
دلم می‌دهد وقت‌وقت این امید	که حق شرم دارد ز موی سپید
عجب دارم ار شرم دارد ز من	که شرمم نمی‌آید از خویشتن
نه یوسف که چندان بلا دید و بند	چو حکمش روان گشت و قدرش بلند
گنه عفو کرد آل یعقوب را؟!	که معنی بود صورت خوب را
به کردار بدشان مقیّد نکرد	بضاعات مُزجاتشان رد نکرد
ز لطفت همین چشم داریم نیز	بر این بی‌بضاعت ببخش ای عزیز
کس از من سیه‌نامه‌تر دیده نیست	که هیچم فعال پسندیده نیست
جز این کاعتمادم به یاری تست	امیدم به آمرزگاری تست
بضاعت نیاوردم الّا امید	خدایا ز عفوم مکن ناامید

انتشارات پارسیان البرز

Kidsocado Publishing House

این مجموعه بسیار نفیس که در دست شما است
با استانداردهایی مانند فونت ساده برای سهولت خواندن ایرانیان
خارج از کشور و طراحی داخلی زیبا و متن کامل
با کوشش و همکاری دو موسسه یعنی
موسسه انتشارات البرز پارسیان در ایران و
خانه انتشارات کیدزوکادو در کانادا
تهیه شده است.
هر دو موسسه با هدف بسیار والای جهانی کردن
آثار شعرا و نویسندگان
ایرانی این فعالیت را ادامه داده
و امیدوارست به زودی
آثار با ارزشی از ادبیات غنی ایران به
خانه‌ها و کتابخانه های شما هدیه دهد.

تو را در بوستان باید که پیش سرو بنشینی

وگرنه باغبان گوید که دیگر سرو ننشانم

آثار ادبی دیگری که می‌توانید از این مجموعه تهیه کنید و از آن لذت ببرید:

اینجا را کلیک کنید:

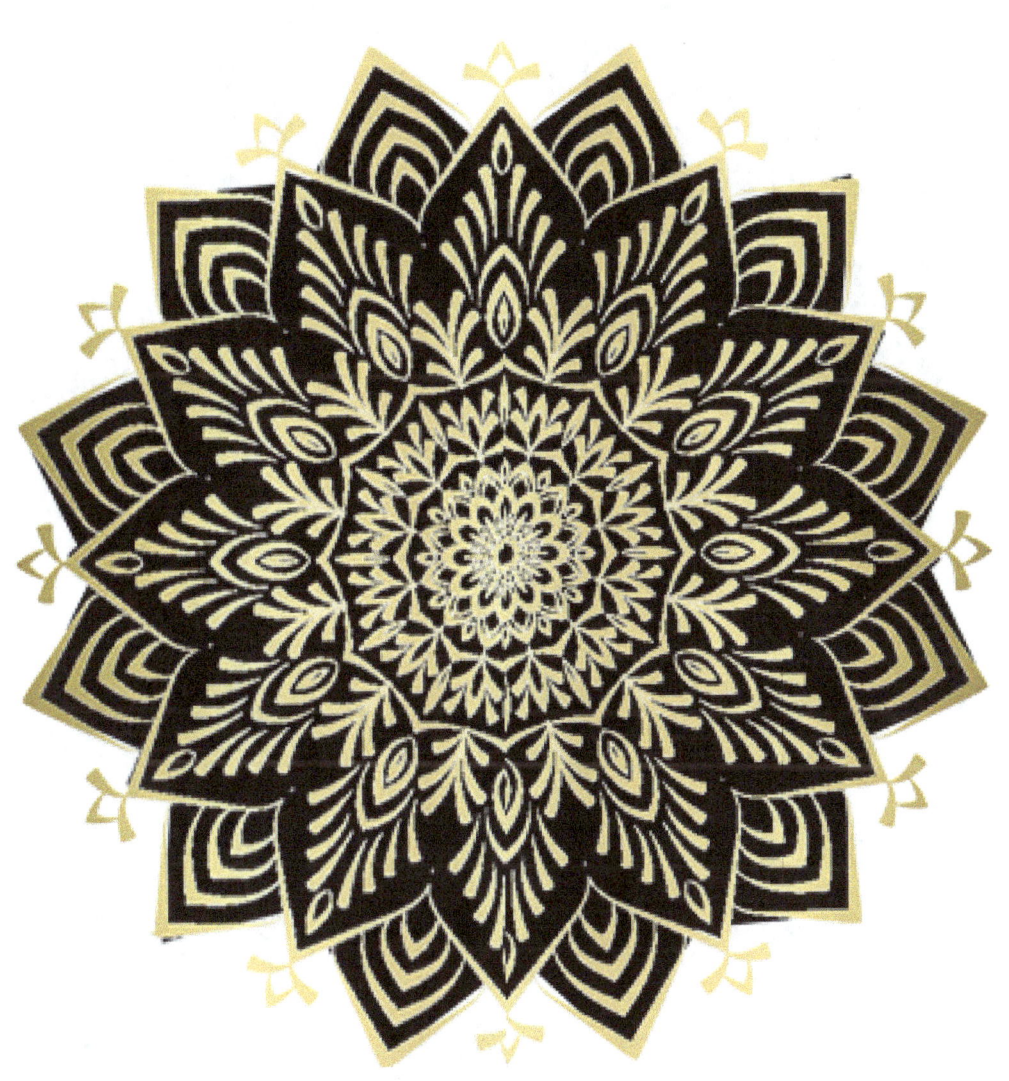